Titel der Originalausgabe: *The Happiness Passport – A world tour of joyful living in 50 words*
Erschienen bei White Lion Publishing, einem Imprint der Quarto Group, London 2018

Deutsche Erstausgabe
7. Auflage 2024

Projektleitung: Veronika Brandt, Knesebeck Verlag
Übersetzung: Karin Weidlich, München
Lektorat: Janika Krichtel, Gustavsburg
Umschlagadaption: Leonore Höfer, Knesebeck Verlag
Satz und Herstellung: Arnold & Domnick, Leipzig
Druck: Hung Hing Printing Group Ltd.
Printed in China

ISBN 978-3-95728-271-2

www.knesebeck-verlag.de

FSC www.fsc.org MIX Papier | Fördert gute Waldnutzung FSC® C016973

DR. MEGAN C HAYES

ATLAS OF HAPPINESS

50 Glücksgeheimnisse aus aller Welt

Illustrationen von
YELENA BRYKSENKOVA

Aus dem Englischen von
KARIN WEIDLICH

KNESEBECK

Inhalt

Weltreise ins Glück

Unsere Welt besteht aus Tausenden von Sprachen und Dialekten, die von unzähligen Gemeinschaften aus Milliarden von Individuen in fast zweihundert Ländern gesprochen werden. Mit der zunehmenden Vernetzung dieser Weltbevölkerung wächst für uns auch mehr denn je der Reiz, hinter die verborgenen Geheimnisse von ›unübersetzbaren‹ Wörtern aus allen Kulturwinkeln unseres Planeten zu kommen. Jedes Wort ist eine einzigartige Kreation seiner Ursprungsregion und drückt mit seiner Schärfe und Prägnanz eine faszinierende Idee aus.

Eine bestimmte Frage scheint dabei von immerwährendem Interesse zu sein und ist in nahezu jeder Gesellschaft seit der Antike beherrschend: Wie können Menschen glücklich leben? Der Wunsch danach verbindet uns wie nichts sonst. Definiert sich das gute Leben durch gemeinsames Essen und Gespräche mit den Liebsten, was im Spanischen mit *Sobremesa* oder auf Trinidad und Tobago mit *liming* ausgedrückt wird? Oder gehört dazu eher der Mut und die Entschlossenheit, um schwierige Zeiten zu meistern, wie im finnischen Begriff *Sisu*?

Lässt sich eventuell ein roter Faden zwischen all diesen Nuancen der Erfüllung erkennen, der uns zu den Geheimnissen eines wirklich guten Lebens führt? Und könnten wir dann nicht sogar einen noch reicheren Glückswortschatz pflegen – einen, den wir alle sprechen? Genau das will dieses Buch erreichen.

Sind Wörter jemals wirklich ›unübersetzbar‹?

Die ›Unübersetzbarkeit‹ der Begriffe in diesem Glücksatlas ist eigentlich eine Fehlbezeichnung. Diese Wörter faszinieren uns gerade deshalb, weil sie eine emotionale, soziale oder körperliche Erfahrung wiedergeben, die jeder von uns versteht, aber bisher noch nicht benennen konnte. Ob bestechend einfach oder herrlich schräg, sofort erkennen wir die Konzepte dahinter und damit auch unsere Ähnlichkeiten, die uns helfen, unsere kulturellen Eigenarten zu respektieren.

Auf diesen Seiten finden sich vertraute wie überraschende Begriffe, die eine immer andere Nuance des Glücks beleuchten. Jedes Wort verbindet uns kulturübergreifend und offenbart dabei zugleich unsere unverwechselbaren Unterschiede sowie die wirklich kollektive Suche nach einem glücklich gelebten Leben.

Warum gerade diese Wörter?

Dieses Buch ist sicherlich nicht vollständig, viele Wörter bleiben – von der übrigen Welt unentdeckt wie ein vergrabener Schatz – in ihrer eigenen Kultur verborgen. Die Auswahl in diesem Glücksatlas soll dennoch kulturelle Vielfalt und die verschiedenen Facetten des Glücks widerspiegeln.

Einige Begriffe wie das englische *Whimsy* oder das französische *Bonvivant* sind unbeschwert, andere zeigen eine weit tiefere Seite unseres Glücks wie das Sanskritwort *Ātman* oder auch *Uki-okton* aus dem Wortschatz der Irokesen. Jedes Wort unterscheidet uns von den anderen und verbindet uns mit ihnen. Jedes Wort bereichert unsere Vorstellung von Glück, bestätigt aber doch irgendwie ein Gefühl, das wir seit jeher kennen.

Die bittersüße Kehrseite des Glücks

Glück ist kein statischer Zustand und geht in Wirklichkeit mit einem viel komplexeren Durcheinander von Gefühlen einher als wir ihm üblicherweise zuschreiben. Warum sonst würden wir zum Beispiel ›Freudentränen‹ weinen? Viele dieser ›bittersüßen‹ Ausdrücke haben es nicht auf die Seiten dieses Buchs geschafft, wenngleich sie treffend die Komplexität und Verflochtenheit unserer glücklicheren und unglücklicheren Gefühle beschreiben. Besonders auffällig ist etwa, wie viele Ausdrücke wir weltweit für Sehnsüchte haben – was verdeutlicht, wie wir schmachten nach dem, was uns wirklich glücklich macht. Dazu zählt das walisische *Hiraeth* – das schmerzliche Vermissen eines richtigen Zuhauses, vielleicht einem, das wir nie wirklich kannten – und das sehr ähnliche *Saudade* auf Portugiesisch, was so viel bedeutet wie Sehnsucht nach etwas, was gar nicht existiert. Dann gibt es das rumänische *Dor*, das individuell vielerlei bedeuten kann, sich aber durch ein tiefes Sehnen auszeichnet, zum Beispiel nach geliebten Menschen, Orten oder nach etwas, das für immer verloren ist. Das trinidadisch-kreolische *Tabanca* beschreibt einen anhaltenden Herzschmerz oder ein Schmachten (besonders nach Karneval!), während das irisch-gälische *Cumha* eine vergleichbar melancholische Sehnsucht oder Heimweh umschreibt.

Diese Wörter des Sehnens sollen uns daran erinnern, das Glück wahrzunehmen, *während es geschieht*, in Form von Menschen, Orten und Erfahrungen, die wir lieben. Das ist hoffentlich genau das, wozu dich die Wörter in diesem Glücksatlas inspirieren werden.

ANMERKUNG DER AUTORIN

Beim Erstellen dieses Kompendiums habe ich mein Bestes getan, um die ausgewählten Begriffe präzise und respektvoll darzustellen. Da jedoch diese Sprachen und Kulturen nicht meine eigenen sind, könnte es sein, dass mir nicht in jedem Fall eine absolut fehlerfreie Interpretation gelungen ist. Ich hoffe also, dass mir die Leserinnen und Leser unbeabsichtigte Irrtümer verzeihen und Freude an diesem Buch finden, so wie es gedacht ist: als Hommage an die vielen Erscheinungsformen des Glücks in aller Welt.

Erstes Kapitel

Vom Glück zu Hause und in der Natur

Stell dir ein gemütliches Zimmer mit knisterndem Kaminfeuer vor, das einlullende Murmeln vertrauter Stimmen und vielleicht einen schön gedeckten Tisch voller Leckerbissen, die es nur hier zu kosten gibt … das englische Wort *Home* (Heimat, zu Hause) beinhaltet diese und viele andere innere Bilder. »Home is where the heart is« besagt ein Sprichwort, und zu Hause schlägt das Herz tatsächlich höher, denn kein Ort wie dieser weckt so tief empfundene Emotionen.

Das Wort *Heimat* lässt uns aber auch an persönliche, sichere und vertraute Orte denken – und auf der ganzen Welt wissen verschiedenste Sprachen auszudrücken, wie unser Heimatgefühl weit über unser eigentliches Zuhause hinausreichen kann. Wir können Behaglichkeit vielerorts und in mannigfaltigen Situationen finden. Raschelndes Herbstlaub unter unseren Füßen lässt uns den inneren Frieden spüren, den wir mit ›daheim‹ assoziieren. Zu anderen Zeiten wiederum fühlen wir uns am meisten in der Ferne zu Hause, die uns Freiheit schenkt. Und natürlich ist Heimat manchmal überhaupt kein realer Ort – also kein Punkt auf einer Landkarte –, sondern ein Platz unter Menschen.

Mal sehen, wie unsere unterschiedlichen Umgebungen – und die vielen einzigartigen Möglichkeiten, über sie zu sprechen – unsere Gefühle beeinflussen und welche Wege zum Glück wir auf diese Weise finden können.

GÖKOTTA

jɜ:ku:tə | Nomen | Schwedisch

Bei Morgendämmerung aufstehen, um in der Natur dem ersten Vogelgesang zu lauschen

Das Schwedische ist reich an Beschreibungen, die ausdrücken, wie wir Glücksgefühle von Zugehörigkeit zur Natur erleben können. Am besten verdeutlicht dies wohl das Wort *Gökotta*, ein Picknick bei Morgendämmerung untermalt von frühem Vogelgesang, das aber auch ganz allgemein unsere Wertschätzung der Natur gegenüber spiegeln kann. Während für die meisten von uns der Morgen eher von piependen Weckern, starkem Kaffee und einem hastigen Frühstück vor der Arbeit bestimmt wird, ist *Gökotta* eine Erinnerung daran, dass dies nicht zwingend so sein muss. Manchmal ist es okay und sogar wichtig, unseren Alltag weniger geschäftig zu gestalten.

Ein *Gökotta* kann Wunder bewirken, wenn wir einfach einmal in aller Frühe bei Tagesanbruch aus dem Bett schlüpfen, um beim ersten Erwachen der Natur draußen herumzustreifen. Viele Wohlfühlfaktoren kommen hier zusammen: früh aufstehen, achtsam sein, sich bewegen und Zeit unter freiem Himmel verbringen.

Dies ist jedoch nicht das einzige schwedische Wort für belebende Naturerfahrungen. Wenn Schweden ihren Tag mit einem *Gökotta* beginnen, dann ist bei Anbruch der Nacht Zeit für ein *Mångata* – so nennen sie die magische Lichtbahn, die der Mondschein auf das Wasser wirft. *Mångata* steht für die Besinnlichkeit flüchtiger Naturwunder, denen man dann begegnet, wenn man der Welt mit offenen Augen und offenem Herzen gegenübersteht.

Ein besonders schönes Glückswort ist auch *Smultronställe*. Wörtlich übersetzt heißt es ›Walderdbeeren-Stelle‹, jedoch kann es sich generell auf jeden geheimen Lieblingsort beziehen und bezeichnet dabei die Umgebungen, in denen wir uns glücklich, zufrieden, im Einklang und wirklich zu Hause fühlen. Wenn es also Menschen gibt, deren Wohlergehen besonders eng mit ihrem Zuhause und der Natur verflochten ist, dann sind das sicher die Schweden.

GLÜCKSMOMENT FÜR JEDEN TAG

Laufe barfuß im Morgengrauen durch das noch taufrische Gras und erlebe dein ganz persönliches Gökotta!

ʻĀINA

a:i:na: | Nomen | Hawaiianisch

Boden, Land (oder ›das, was uns nährt‹)

Etwas ist so elementar für unser Überleben auf diesem Planeten, dass wir selten einmal über das Glück nachdenken, das es uns bringt: Der Boden unter unseren Füßen, das offizielle Zuhause aller Menschen. Gäbe es nicht dieses ergiebige Erdreich unter uns … nun, um es kurz zu sagen: dann wären selbst die besten Schwimmer ziemlich aufgeschmissen. Entsprechend nehmen die Bewohner der Hawaii-Inseln Land und Boden sehr ernst. Für die ca. 8000 Menschen, die heute die austronesische Sprache Hawaiianisch sprechen, trägt *ʻĀina* die tiefere Bedeutung von ›das, was uns nährt‹. Für Hawaiianer umfasst daher der schöne Ausdruck *Aloha ʻĀina* – wörtlich ›Liebe zum Boden‹ – die Wichtigkeit von *ʻĀina* in der hawaiianischen Kultur und Identität.

Aloha ʻĀina steht für eine Lebensweise voller Liebe und Ehrfurcht vor Land und Wasser (zwei ziemlich wichtigen Elementen im Inselleben), die von der antiken Mythologie bis zu den aktuellen Umweltdebatten reicht. Diese Leidenschaft für *ʻĀina* zeigt sich in jedem Aspekt der hawaiianischen Kultur vom Geschichtenerzählen, Gesängen und traditionellem Hula-Tanz bei feierlichen Anlässen bis hin zu Landwirtschaft und Politik. Auch individuell drückt sich dieses Bewusstsein durch einen Lebensstil aus, der auf tiefem Respekt vor der Umwelt gründet. In diesem Sinne könnte dann alles – vom Gebet bis zum alltäglichen Recycling – als Ausdruck unseres *Aloha ʻĀina* gelten.

Diese ehrfürchtigen Gefühle zeigen uns, wie wichtig es ist, dankbar für eine unserer kostbarsten Naturressourcen zu sein. Vor allem aber hat sich zielgerichtete Dankbarkeit als eine der wesentlichen Formen erwiesen, durch die wir unser persönliches Wohlergehen beeinflussen können. Indem wir uns für die vielen Dinge bedanken, die wir oft als selbstverständlich ansehen, können wir uns selbst ins Gedächtnis rufen, wieviel Glück wir haben.

GLÜCKSMOMENT FÜR JEDEN TAG

Respekt für unser ʻĀina *fängt mit den kleinen Gesten an, zum Beispiel wenn du Abfälle entsorgst, die jemand anderes in der Natur hinterlassen hat. Der Planet wird es dir danken!*

Die freie Natur

Eine Liebesgeschichte

Wer nach einer zuverlässigen Stimmungsaufhellung sucht, muss sich nur einmal vor seiner eigenen Haustür umschauen. Sich mit der Natur zu verbinden, wirkt sich erwiesenermaßen positiv auf unser Seelenleben, unser Gefühl für die Sinnhaftigkeit des Lebens und unsere Vitalität aus. Wenn man mal darüber nachdenkt, ist das recht logisch, denn Menschen haben nur einen Bruchteil ihrer Existenz auf dieser Erde in Häusern gelebt – trotzdem verbringen wir unser Leben zunehmend in Beton eingeschlossen. Kultur- und sprachübergreifend finden wir jede Menge nationale Eigenheiten, wie wir über diese gemeinsame Outdoor-Affinität sprechen. Im Englischen gibt es einige seltene, äußerst charmante Beschreibungen für Naturerlebnisse wie etwa *Psithurism* (›Windgeflüster in den Bäumen‹) oder *Petrichor* (›der angenehm erdige Geruch des Regens nach einer langen Trockenzeit‹). Die Niederländer haben das Verb *uitwaaien*: sich bei einem erfrischenden Spaziergang vom Wind durchpusten lassen. In Kanada beschreibt der reizende Begriff *Sugar-weather* die warmen Tage und kühlen Nächte zu Frühlingsbeginn – ideale Bedingungen für Ahornbäume, um ihren süßen Saft zu produzieren. Indes haben die Japaner ein Wort für die zarte Schönheit des von Baumkronen gesprenkelten Sonnenlichts: *Komorebi* (木漏れ日). Schließlich fängt das irisch-gälische Wort *Aoibhneas* das Wonnegefühl ein, wenn unsere Sinne von einer atemberaubenden Szenerie und schönem Wetter erfüllt sind – was beweist, dass die freie Natur wirklich unsere größte Liebesromanze ist.

HYGGE

hy:gə | Nomen | Dänisch und Norwegisch
Ein gemütliches und angenehmes Umfeld, das emotionales Wohlbefinden fördert

Hygge – nicht nur ein Wort, sondern ein ganzes System für glücklicheres Leben – ist ein dänischer und norwegischer Begriff, der sich seit einigen Jahren auch außerhalb seiner skandinavischen Heimatregionen zunehmender Beliebtheit erfreut. *Hyggelig* kann vieles sein, wobei bestimmte Dinge und Erfahrungen schon fast als Synonyme des Begriffs gelten, wie zum Beispiel in Kerzenlicht getauchte Räume, Rotwein, Wollsocken, ein paar enge Freunde, der Klang prasselnden Regens draußen vor dem Fenster, während man sich auf dem Sofa in mehrere weiche Decken einkuschelt ... sprich alles, was eine Atmosphäre heimeliger, herzerwärmender Gemütlichkeit hervorruft.

Alle nordeuropäischen Sprachen kennen Varianten dieses Kuschelbegriffs, denn in diesen Ländern hat das dunkle, kühle Klima die Einwohner gezwungen, ihre eigene Wärme und Wohnlichkeit zu schaffen – manchmal durch sorgfältig gestaltete Räume, oft aber auch durch Gefühle der engen Vertrautheit zwischen Menschen.

Ein anderes Wort, das in ähnlicher Weise gemütlich-gesellige Umfelder heraufbeschwört, ist das niederländische *Gezelligheid*, eine gewisse herzliche und einladende Atmosphäre, die für viele ›typisch niederländisch‹ ist. Ein genussvolles Picknick mit Freunden am Kanal wäre zum Beispiel *gezellig*, aber es kann auch das Gefühl beschreiben, nach einer langen Zeit einen guten Freund zu besuchen. Im Unterschied zum dänischen *Hygge* vermittelt *Gezelligheid* ein stärkeres Gemeinschaftsgefühl (hergeleitet von *Gezel* = ›Gefährte‹), was sich leicht unterscheidet von der mitunter abgeschotteten Gemütlichkeit von *Hygge*.

Die Schweden nennen dieses Gefühl *mysig*, während im Norwegischen das vergleichbare Wort *koselig* sich sowohl auf angenehme Umgebungen beziehen kann, aber auch auf Menschen, die kontaktfreudig sind. Das Besondere an diesen Wörtern liegt im Ineinandergreifen von Umgebung und Menschen – damit wird deutlich, dass es hier meist nicht nur um Orte an sich geht, die Geborgenheit schenken oder den Geist beflügeln, sondern um die geliebten Personen, die wir dort finden.

❋ GLÜCKSMOMENT FÜR JEDEN TAG ❋

Mach es dir richtig hyggelig *und erfahre selbst, wie schön es ist, wenn du in einem heiteren Umfeld bei gutem Essen (und Trinken) mit deinen Liebsten zusammensitzt.*

PROSTOR (ПРОСТОР)

prɐˈstor | Nomen | Russisch

1. *Offener Raum; Weite, Geräumigkeit; Spielraum*
2. *Freiheit*

Dann und wann fühlen wir uns am glücklichsten in der gemütlichen Geborgenheit unserer vier Wände – zu anderen Zeiten trifft eher das Gegenteil zu. Vielleicht finden wir wegen der nomadischen Natur unserer Vorfahren eine tiefe Freude in großen Weiten, und selten ist man mit so einer schieren Grenzenlosigkeit konfrontiert wie in den Landschaften Russlands. Das führt uns zu dem gefühlvollen Wort *Prostor*, das jenes flüchtige, herzergreifende Gefühl erfasst, das weite Horizonte in uns erwecken können.

Prostor verbirgt eine Sehnsucht nach weiten Ebenen und ist ein gutes Beispiel dafür, wie wir häufig äußere Landschaften metaphorisch mit unseren inneren verbinden. Dem zugehörig ist *Duscha* (душа), das russische Wort für Seele oder Geist. Die Weite unsere Seele beziehungsweise *Duscha* spiegelt sich als *Prostor* im Außen wieder und dieser Moment

der inneren und äußeren Harmonie kann sich tief bewegend anfühlen. Dieses besondere Wort zeigt aber auch etwas, was wir weltweit bezeugen können: die tiefgreifende Art, in der sich Menschen mit ihrem Umfeld verbunden fühlen können, was auch immer das für eines sein mag.

Interessanterweise können wir *Prostor* aufgrund der inneren Weite der *Duscha* auch in kleinen Räumen fühlen, wenn wir etwa ein tolles Buch dabei haben. Sogar im kleinsten, isoliertesten Kämmerlein weitet eine gute Geschichte unsere inneren Horizonte und schenkt uns ein Gefühl innerer Freiheit.

Wo kann man *Prostor* verspüren? Ob es die scheinbare Unendlichkeit der sibirischen Wüste oder die grünen Moore Nordenglands sind (oder seien es auch nur die Seiten eines guten Romans), die Welt ist voller weiter Räume, die Menschen von alters her durchstreifen, erobern und Heimat nennen.

GLÜCKSMOMENT FÜR JEDEN TAG

Wenn du dich im Büro oder Pendlerzug eingepfercht fühlst, überlege einmal, wie du zu mehr Prostor *kommen kannst. Eine Reise an die Küste oder auch nur ein Bummel durch den Stadtpark könnten deiner* Duscha *den gerade dringend benötigten Aufwind geben.*

CWTCH

kʊtʃ | Nomen | Walisisch

1. *Ein Küchenschrank oder Kämmerchen*
2. *Eine Liebkosung oder Umarmung*

Nur wenige Wörter zeigen so deutlich wie das walisische *Cwtch*, wie unsere Umwelt nicht nur aus physischen Orten besteht, sondern auch zwischen Menschen geschaffen werden kann. Man sagt, dass jeder knuddeln kann, aber nur die Waliser können *cwtchen*. Von kuscheln und Zärtlichkeit über beschützen und einfordern bis hin zu einem gemütlichen Plätzchen bedeutet dieses kleine Wörtchen vieles in einem. Wenn wir jemanden *cwtchig* umarmen, bieten wir ihm oder ihr einen ›sicheren Raum‹ – was wiederum die zweite Bedeutung des Wortes hervorruft: ein Kämmerchen. Doch kann selbst diese Beschreibung nicht die starke Komponente von Vertrautheit und Privatsphäre des Wortes erfassen, sei es in einem realen Raum oder metaphorisch auf zwischenmenschlicher Ebene. Während es normalerweise als Nomen gesehen wird, funktioniert *cwtch* in walisischen Alltagsgesprächen auch als Verb. So könnte man sagen: ›cwtch mich weiter so‹ oder dass zwei ›gecwtcht‹ haben.

Cwtch kann Kindheitserinnerungen wachrufen, indem es jenes sichere Gefühl der Geborgenheit weckt, die nur unsere engste Bezugsperson bieten konnte, als wir uns als Kind das Knie aufschürften oder von der Welt enttäuscht waren.

Vielleicht wird *Cwtch* in all seinen Nuancen nur von Walisern selbst wirklich verstanden, zumal es andeutet, dass wir unsere Liebsten in Obhut und Besitz nehmen, sowohl in romantischen als auch platonischen Beziehungen. Und wer von uns wurde nicht schon vor dem Abgrund gerettet durch die warme und entschlossene Umarmung von jemandem, der uns sehr liebt? Manchmal ist eine Umarmung so viel mehr als nur das – und in diesen Fällen erleben wir ein *Cwtch*.

GLÜCKSMOMENT FÜR JEDEN TAG

Das nächste Mal, wenn du jemanden umarmst (oder umarmt wirst), denke über den geschützten Raum nach, der durch diese allergewöhnlichste Geste geschaffen wird – ein Raum, in dem wir alle, wann immer nötig, Rückhalt, Bestärkung und Glück finden können.

TŪRANGAWAEWAE

tu:ræŋəwaiwai | Nomen | Māori

Ort, an dem jemand ein Standrecht oder ein Wohn- und Zugehörigkeitsrecht durch Verwandtschaft und Whakapapa (Genealogie, Stammbaum) hat

Dieses strapazierfähige Wort verbindet *Tūranga* (Standplatz) mit *Waewae* (Füße) und obwohl es manchmal einfach nur als ›fest mit den Füßen auf dem Boden stehen‹ übersetzt wird, beinhaltet es weit mehr. Unser *Tūrangawaewae* ist unser Fundament, der Ort, an den wir uns am stärksten gebunden fühlen und wo wir unsere Wurzeln spüren – ob im geografischen oder kulturellen Sinne. Entsprechend ist unser *Tūrangawaewae* meist der Ort unseres größten Wohlbefindens – eine stabile Quelle des Glücks.

Wie viele andere Glückswörter aus aller Welt verdeutlicht *Tūrangawaewae*, wie äußere mit unseren innersten Landschaften verbunden sind. Nicht nur bei den Māori können die plätschernden Bäche, mächtigen Berggipfel und sich schlängelnden Pfade der Heimat ein tiefes Gefühl der Sicherheit und des Verwurzeltseins wachrütteln. Wer schon einmal beim Rückflug aus dem Urlaub im Ausland ein warmes Gefühl bekommen hat, als er sein Zuhause aus der Vogelperspektive erblickte, weiß sicher, wie viel Kraft davon ausgeht, in sein eigenes *Tūrangawaewae* zurückzukehren.

Das spanische Wort *Querencia* beschreibt ein ähnliches Gefühl, nämlich die Kraft und Entschlossenheit, die wir in uns finden, wenn wir uns zu Hause fühlen. In der spanischen Stierkampftradition ist die *Querencia* des Stiers die Stelle in der Arena, an die er zurückkehrt, um seine Kraft wiederzuerlangen. Hier ist der Stier am kampfstärksten und deshalb am respekteinflößendsten. Häufig werden wir ermutigt, unsere Komfortzone zu verlassen und Neues zu erleben, doch verlieren wir dabei aus den Augen, wie unser *Tūrangawaewae* uns enorm stärken kann.

✻ GLÜCKSMOMENT FÜR JEDEN TAG ✻

Wir fühlen uns wohl an den Orten, die uns Sicherheit vermitteln. Für eine Turboladung persönlicher Power könntest du einen Besuch deiner Heimatstadt unternehmen oder auf der Arbeit eine Besprechung in deinem eigenen Büro abhalten, anstatt bei einem Kollegen.

WALDEINSAMKEIT

'valt?aɪ̯nza:mkaɪ̯t | Nomen | Deutsch
Das Gefühl, ganz allein im Wald zu sein

Der Dichter Ralph Waldo Emerson schrieb einmal, dass wir im Wald immer Kind seien. Und wer erinnert sich nicht gern an das Klettern in sonnengesprenkelten Bäumen, den Geruch moosiger Baumstümpfe und das Herumtollen im golden leuchtenden Herbstlaub? Nur ein Waldspaziergang kann dieses Gefühl von Unschuld, Neugierde und stiller Ehrfurcht hervorrufen. Dies erfasst der ungewöhnliche Begriff *Waldeinsamkeit* perfekt, der eine poetische Naturromantik widerspiegelt. Der Schriftsteller Ludwig Tieck prägte dieses Wort erstmals und verdeutlichte damit den besonderen Stellenwert, den Deutschlands große Waldgebiete seit jeher für seine Einwohner haben.

Obwohl in *Waldeinsamkeit* das Alleinsein im ruhigen Schatten hoher Bäume mitschwingt, hat das Wort einen eher lebensbejahenden und positiveren Charakter als die gewöhnliche Einsamkeit. Es ist das Gefühl, durch das wir ruhig und fokussiert genug sind, um unsere tiefe Natur-

verbundenheit zu spüren. Interessanterweise haben die Japaner einen ähnlichen Begriff dafür: *Shinrin-yoku* (森林浴) oder ›Waldbaden‹.

Diese Wörter betonen, wie der Wald – in Märchen oft Symbol für ein magisches Reich des Wandels – uns kraftvoll mit unserem ungezähmten inneren Wesen rückverbindet. Die Wälder sind wild, so wie wir selbst es einst waren – genau der Gegenpol zu unseren zivilisierten urbanen Leben. Heutzutage spielt sich ein Großteil unseres geschäftigen Lebens drinnen ab, wo wir angespannt und überlastet versuchen, durch Multitasking unseren vielen Verpflichtungen nachzukommen. Kein Wunder, das wir uns dabei manchmal selbst vergessen. In der besonderen majestätischen Stille des Waldes – die ja überhaupt keine Stille ist, sondern reich an wunderlichem Vogelgezwitscher und wohlklingendem Rascheln der Blätter im Wind – finden wir eine Einsamkeit, die uns hilft, zu uns selbst zurückzukehren.

GLÜCKSMOMENT FÜR JEDEN TAG

Finde diesen meditativen und geerdeten Zustand inmitten der Bäume und nimm in diesen Ruhemomenten Kontakt mit deiner eigenen Wildnatur auf.

FRILUFTSLIV

fri:luf:tsli:v | Nomen | Norwegisch, Schwedisch und Dänisch
Campen; Leben im Freien

Schon seit jeher sind wir Menschen Spezialisten dafür, selbst in den unwirtlichsten Gegenden Häuser zu erbauen. Wir bauten Lehmhütten, um uns vor sengender Sonne zu schützen, Iglus gegen die eisige Kälte und Tipis, die die stürmischen Winde vor unseren Feuerstellen abhielten. So passten wir uns an und konnten in der extremen Wildnis überleben und aufblühen. Zudem zeigen diese Behausungen – anders als unsere modernen Wohnblöcke – die harmonische Verbindung zwischen Natur und Mensch. Die tägliche Dosis von dem, was man in den skandinavischen Ländern *Friluftsliv* (wörtlich ›Freiluftleben‹) nennt, war an diesen Orten sicher garantiert!

Vielleicht hast du dieses Gefühl ja schon selbst einmal erlebt, als du mit deinen Kopf aus einem Zelt gespäht und den kühlen, taufrischen Duft eines Waldes eingeatmet hast, während der rosa gefärbte Morgenhimmel langsam der zunehmenden Sonnenhitze wich. *Friluftsliv* ist für Norweger und Schweden nicht nur ein Wort, sondern eine Lebensphilosophie: Es steht für eine ungezwungene Lebensart im Einklang mit der Natur und drückt unsere gefühlte Seelenverwandtschaft zu solch wilden Gegenden aus. Diese Naturverbundenheit kann uns nicht nur Freude bereiten, sondern uns auch verändern. Sie können uns sogar ein quasireligiöses Gefühl für gesteigertes Bewusstsein und mehr Ganzheit des Seins vermitteln.

Friluftsliv ist ein besonders wichtiger Aspekt im Leben und im Glücksempfinden norwegischer Menschen, das sie mit ihren Fjorden, Bergspitzen und rauschenden Wasserfällen verbindet. Wer würde bei solch majestätischen Landschaften in seiner eigenen Heimat nicht einen besonderen Sinn für das Leben an der freien Luft entwickeln?

GLÜCKSMOMENT FÜR JEDEN TAG
Schon die allerbescheidenste Campingreise kann uns schon näher zu Mutter Natur bringen. Packe also dein Zelt und deinen Schlafsack ein und mache dich auf in die Wildnis!

SABAI (สบาย)

/saJ.ba:jɦ/ | Adjektiv | Thai
glücklich; angenehm; zufrieden

Unsere Lebenswelten wecken in uns vielerlei Emotionen, von denen die Behaglichkeit sicher eine der wichtigsten ist. In Thailand hat man dafür ein wunderbares Universalwort: *sabai*, das die vielen Facetten der ungezwungenen, glücklichen Zufriedenheit umfasst. Dieser Begriff kommt äußerst häufig zum Einsatz, er bildet sogar die Grundlage der alltäglichsten Begrüßung: Auf die Frage *sabai dee mái?* (›wie geht's?‹) entgegnet man *sabai dee kòrp-koon* (›danke, gut‹). Jedoch gibt es unendlich viele Verwendungsmöglichkeiten mehr – und alle bringen die entspannte, glückliche Lebensart zum Ausdruck, die Thailändern eigen ist.

Ein oft gehörter Ausdruck ist *sabai sabai*, wobei die Verdopplung betont, dass etwas *sehr* bequem ist. Die Aufforderung *nang sabai* (›setz dich und mach es dir bequem‹) könnte man als Gast bei jemandem zu Hause hören. Eine laues Lüftchen wäre *yen sabai*: angenehm kühl. Und eine Katze, die einen gemütlichen Schlafplatz gefunden hat, könnte man

mit *lap sabai* beschreiben, da sie ›gut schläft‹ – weshalb viele Hotels diesen Ausdruck im Namen tragen und eine geruhsame Nachtruhe versprechen. Zu guter Letzt meint *sabai jai* ein ›wohliges Herz‹ – eine leicht nachzuempfindende Emotion, wenn man sich vorstellt, in einer Hängematte an einem der wunderschönen Strände Thailands zu schaukeln …

Für Thailänder ist das *Sabai*-Prinzip Teil ihrer kulturellen Identität. Obwohl sie gewissenhaft und fleißig sind, sieht man Thailänder selten in Eile oder im Stress (so wie wir uns einen typischen Arbeitstag in der westlichen Welt vorstellen). Während wir im Westen dazu neigen, unsere Geschäftigkeit zu einem höheren sozialen Status zu erheben, sehen Thailänder, selbst bei der Arbeit, die Ruhe und Zufriedenheit von *sabai* als optimalen Zustand des Seins an.

GLÜCKSMOMENT FÜR JEDEN TAG

Auch ohne thailändische Strände ist es möglich, sich ein stressfreies und entspanntes Umfeld zu schaffen. Versuche etwa, im Job jegliche Hektik zu vermeiden und die Dinge so sabai sabai *wie möglich anzugehen.*

HUĀNYÍNG (欢迎)

/huan ŋɤiæŋ/ | Ausruf | Mandarin
Willkommen; ›jemandem mit Freude begegnen‹

Auf der ganzen Welt gibt es vielerlei Ausdrücke, um Menschen in unserem Heim herzlich willkommen zu heißen, aber nur wenige sind so liebenswert wie dieses Begrüßungswort auf Mandarin. Am schönsten klingt es, wenn es zur alltäglichen Begrüßung *Huānyíng Guānglín* (欢迎光临) verschmilzt. Während der ganze Ausdruck einfach oft nur nüchtern mit ›Willkommen‹ übersetzt wird, ist er doch sehr viel nuancierter. Das erste Zeichenpaar *Huānyíng* heißt so viel wie ›ich begegne dir mit Freude‹, während die zweite Zeichenfolge *Guānglín* Präsenz oder ›Licht kommt herein‹ bedeuten kann. Im übertragenen Sinne deutet *Huānyíng Guānglín* also an, dass ein eintreffender Gast wie Licht durch eine offene Tür strömt.

Mit dieser schönen Bildsprache ehren wir die Ankunft eines Gastes als besonderes Ereignis und segnen in gewisser Weise jede eintreffende Person. So hört man diese Grußformel oft aus dem Munde von Ladenbesitzern oder Gastwirten als herzerwärmende Metapher dafür, dass wir willkommen sind und unsere Anwesenheit gern gesehen ist.

Obwohl in China *Huānyíng Guānglín* wahrscheinlich zu den oft gesagten, aber selten ehrlich gemeinten Alltagsfloskeln zählt, lehrt uns dieser Ausdruck dennoch eine seltene Form des Respekts: Wer kann schon behaupten, dass er seine Gäste genauso wertschätzend begrüßt wie er es mit warmem Sonnenlicht tun würde, das durch das Fenster scheint? So positiv zu empfinden, fällt uns vielleicht nicht bei jedem Gast leicht, der an unserer Türschwelle erscheint (man denke einmal an Staubsaugervertreter oder neugierige Nachbarn), doch zumindest bei unseren Liebsten könnten wir uns mehr Mühe geben, ihnen diese Wertschätzung entgegenzubringen.

GLÜCKSMOMENT FÜR JEDEN TAG

Biete deinen Gästen bei ihrer Ankunft nicht nur ein warmes Getränk und einen bequemen Sessel an, sondern begrüße sie im Sinne von Huānyíng Guānglín*: Wie ein warmes Licht, das sie allein durch ihre Anwesenheit hereingebracht haben.*

Zweites Kapitel

Vom Glück der Gemeinschaft

Die glücklichsten Zeiten unseres Lebens verbringen wir für gewöhnlich nicht in Isolation, sondern zusammen mit Freunden, Familie und geliebten Menschen aller Art. Das Beste am Menschsein liegt in der Gemeinschaft: Wir lachen zusammen am Esstisch oder am Freitagabend in der Lieblingskneipe und Anlässe wie Hochzeiten, Feiertage und Konzerte werden erst gemeinsam mit anderen zu Sternstunden unseres Lebens. Ebenso stehen uns unsere Nächsten gerade in schwierigen Zeiten ermutigend, hoffnungsvoll und optimistisch zur Seite.

Das persönliche Wohl ist also auch eine Frage des sozialen Netzes und eine wirklich kollektive Erfahrung. Für einige Psychologen ist das Zugehörigkeitsgefühl – ob in einer engen Beziehung oder in einer breiteren Gemeinschaft – sogar einer der tiefgreifendsten Schlüsselfaktoren, um menschliche Motivation und Glück zu verstehen.

Weltweit bringen unsere unterschiedlichen Sprachen diese grundlegende Natur von Gemeinschaften und Beziehungen mit unserem Glücksempfinden in Zusammenhang und zeigen damit, wie Teilen, Mitfühlen und wechselseitiges Geben und Nehmen ein gutes Leben untermauern.

Entdecken wir nun weitere Stationen in unserem Glücksatlas, die uns vor Augen führen, wie durch die Kraft unserer Verbindungen zu anderen Menschen dauerhaftes Glück erst möglich wird.

UBUNTU

ʊ'bʊntʊ | Nomen | Nguni Bantu

Ein Gefühl des Einklangs zwischen allen Menschen

Keiner von uns entwickelt sich zu einem wahrlich glücklichen Individuum ohne eine sehr wichtige Zutat: andere Menschen. Unser erstes Überleben hängt vollkommen von dem Mitgefühl, dem Kontakt und der Fürsorge anderer ab. In den südafrikanischen Bantu-Sprachen Zulu und Xhosa gibt es ein Wort, das die Tragweite dieser Zwischenmenschlichkeit verdeutlicht und zelebriert: *Ubuntu.*

In vielen afrikanischen Ländern ist *Ubuntu* ein Lebenskonzept. In Europa und generell im Westen denken wir beim ›Ich‹ normalerweise an etwas Einzigartiges, in Afrika jedoch wird das Individuum seit jeher nicht als Einzelkämpfer definiert, sondern als untrennbar mit der größeren Gemeinschaft verbunden. In Kenia gibt es auf Suaheli den Ausdruck *tuko pamoja* (›wir schaffen das zusammen‹), während man in Tansania von *Ujamaa* hört (etwa ›Familiengemeinsinn‹).

Die Philosophie des *Ubuntu* besagt, dass nur etwas, das dem Gemeinwohl nützt auch für das Individuum gut sein kann. Zwar ist diese Vorstellung der westlichen Gedankenwelt fast völlig fremd, jedoch ist sie vielleicht wichtiger denn je. Vor dem Hintergrund unserer akuten Umweltkrise scheint die innewohnende Harmonie dieses Prinzips wie eine kraftvolle, längst überfällige Weltanschauung.

Wenn wir über Glück sprechen, ist es allzu einfach, das Glück – und die Harmonie – von anderen zu vernachlässigen. Doch können wir glücklich sein mit dem Wissen, dass unsere Mitmenschen leiden? Natürlich lassen sich nicht alle Probleme der Welt über Nacht lösen und so bleibt das Glück für alle eine andauernde Aufgabe. Doch allein das Streben danach ist etwas, das es in sich zu tragen lohnt – sodass wir vielleicht eines Tages sagen können: Ich bin glücklich, weil wir glücklich sind.

GLÜCKSMOMENT FÜR JEDEN TAG

Wie wirkt sich dein Handeln auf die Gemeinschaft aus? Gehe in dich und mache dir bewusst, wie du in dir selbst die Dinge pflegen kannst, die du dir für das Gemeinwohl wünschst.

GUNNEN

'ɣʏn.ən | Verb | Niederländisch
Jemandem etwas gönnen; sich über den Erfolg eines anderen freuen

Was ist die schnellste und wirksamste Art, jemand anderen glücklich zu machen? Großzügigkeit! Und wer jemals in den Niederlanden war, wird sicher seine großherzigen und zuvorkommenden Bewohner kennengelernt haben. Kaum bleibst du in Amsterdam mit einem Stadtplan in der Hand stehen, bietet dir schon jemand unumwunden seine Hilfe an – in anderen pulsierenden Hauptstädten wie London oder Paris hingegen erntet man eher ein höhnisches Grinsen.

Was uns zu einem Wort führt, das diesen geistigen Großmut der Niederländer nur zu gut charakterisiert: *gunnen*, also jemandem eine positive Erfahrung gönnen, insbesondere eine wohlverdiente – und sogar dann, wenn einem selbst die gleiche Erfahrung verwehrt bleibt.

Hier haben wir es also mit dem Gegenteil von Neid und Missgunst zu tun. In Anlehnung an den Ausdruck ›Vertrauensvorschuss‹ beschreibt

es ein vertrauensvolles, wohltätiges und vielleicht manchmal sogar selbstaufopferndes Handeln.

Ob man nun eine freundliche Wegauskunft gibt, jemanden anders in der Warteschlange vorlässt oder beim Essen jemandem die größte Portion serviert – in *gunnen* kommt die Art von selbstloser Freundlichkeit zum Ausdruck, die einem den ganzen Tag versüßen kann. Psychologischen Studien zufolge kann die selbst erfahrene Freundlichkeit seitens einer anderen Person die Wahrscheinlichkeit erhöhen, dass wir uns wiederum anderen gegenüber freundlicher verhalten – und so entsteht durch *gunnen* ein Dominoeffekt. Das ist nicht nur gut für unsere Mitmenschen, sondern auch für uns selbst. Nett zu anderen zu sein, hat also einen positiven Effekt auf unsere eigene Gemütslage – dabei hat sogar schon eine einzige großzügige Tat Win-Win-Potenzial!

GLÜCKSMOMENT FÜR JEDEN TAG

Lass jemanden in der Schlange vor und freu dich auch, wenn dein Konkurrent gewinnt – es wird sich positiv auf deine Stimmung auswirken.

LIME

lʌɪm | Verb | Trinidadisch-kreolisch

Mit Freunden feiern oder chillen; die Kunst des Rumhängens und Entspannens

Easy-going und relaxed – das ist quasi der Inbegriff des einzigartigen karibischen Lebensstils. Herrlich präzise fängt dies das Wort *liming* ein, das man auf Trinidad und Tobago täglich unter Freunden hört. Zwar hat es Gemeinsamkeiten mit dem ›Chillen‹ (sich entspannen), jedoch steckt darin noch ein unnachahmlicher Twist, denn in der Karibik ist das *Limen* eine elementar gesellschaftliche ›Aktivität‹. Man nehme einen Schuss gemächliche Entspannung, eine Portion Spaß und füge eine Prise unserer besten Freunde hinzu – und schon *›limet‹* man!

Das *Limen* sollte dabei keinen besonderen Sinn haben, außer zu entspannen, zu plaudern, gemeinsam zu essen und zu trinken und einfach nur zu *sein*. Deshalb ist es auf ganz Trinidad ein wichtiges Rückgrat für Freunde und Gemeinschaften – es bestimmt ganz zentral gesellschaftliche Events, von After-Work-Drinks über die Pläne fürs Wochenende bis hin zur stets ersehnten Karnevalszeit.

Wer von Trinidadern zum *Limen* eingeladen wird, sollte nicht zögern und miterleben, wie sie gemeinschaftliches Chillen zu einer Kunstform erheben. Vielleicht trinkt man gemeinsam Bier oder Rum am Strand von Maracas Bay, hört Soca (die Verschmelzung der Soul- und Calypsomusik) oder futtert schmackhafte Trini-Spezialitäten wie etwa ›Bake and Shark‹ (Fladenbrot mit frittierten Haifischstücken, Salaten und Soßen).

Der Ursprung des Wortes *lime* in diesem Kontext ist umstritten, aber eine klassische Erklärung ist, dass es einfach nichts Dringlicheres zu tun gibt, als unter einem Limettenbaum (engl. = *lime tree*) zu entspannen. *Limen* wird nicht irgendeiner Altersgruppe oder einem bestimmten Menschentyp zugeschrieben, sondern ist auf Trinidad eine weitverbreitete und kollektiv geschätzte Gewohnheit. Die Insulaner sind stolz auf ihre Fähigkeit, loszulassen – und das zu Recht, denn sie sind oft die gutmütigsten und ruhigsten Leute, denen man begegnet.

GLÜCKSMOMENT FÜR JEDEN TAG

Wenn du das nächste Mal Pläne mit deinen Freunden abmachst, lasst das strenge Aktivitätenprogramm weg und nehmt euch stattdessen vor, gepflegt gemeinsam abzuhängen.

ASABIYYAH (عصبيّة)

a.sa:'bi:ja | Nomen | Arabisch
Gemeinschaftssinn; sozialer Zusammenhalt

Gemeinschaftsglück ist ein schwer fassbarer Begriff. Individuelles Glück erkennt man leicht an einem ehrlichen Lächeln oder an fröhlichen Worten, was aber macht Gruppen *glücklich* – von der allerkleinsten Nomadengemeinschaft bis hin zu den allergrößten Weltreichen? Und was vielleicht noch grundlegender ist: Was ist der unsichtbare Kitt, der sie zu einem übergeordneten Anliegen vereint? Das arabische Wort *Asabiyyah* ruft diesen Gemeinschaftsgeist hervor. Mit über 300 Millionen Sprechern weltweit überrascht es wohl kaum, dass das Arabische ein Wort für die immaterielle, gemeinsame Hingabe parat hat, die Gemeinschaften im Streben nach einem gemeinsamen Ziel zusammenhält. *Asabiyyah* evoziert soziale Solidarität und gemeinsame Zielsetzung, und grenzt dabei an die Vorstellung eines Kollektivbewusstseins.

Asabiyyah ist wohl etwas, das wir am stärksten bei politischen Versammlungen oder bei Staatszeremonien spüren, zum Beispiel bei einer königlichen Hochzeit. Gewissermaßen verlassen sich unsere Staaten-

lenker auf unsere *Asabiyyah*, damit wir nicht in Anarchie versinken – eine Loyalität für das Gemeinwohl, die jedoch auch bedeuten kann, dass wir auch fragwürdige Entscheidungen dieser Regierenden billigen.

Diese Gruppenbindung kann aber auch dann greifen, wenn Gesellschaften Regierungen stürzen, die nicht länger den Willen des Volkes repräsentieren. Daher kann man sich die Macht der *Asabiyyah* im weitesten Sinne zyklisch vorstellen: Am stärksten spürbar beim Zusammenschluss der Gruppen, dann schwindend, bis sie schließlich durch eine attraktivere *Asabiyyah* verdrängt wird. Dies lohnt es sich vor allem in den härtesten politischen Großwetterlagen im Kopf zu behalten.

Asabiyyah ist, genauso wie individuelles Glück, nicht statisch und deshalb wird sie ständig von seinen Mitwirkenden revidiert und aktualisiert. Wenn die Umstände uns als größere Gemeinschaft nicht wirklich glücklich machen, dann könnte eine neue, revolutionäre *Asabiyyah* den Wandel herbeiführen.

GLÜCKSMOMENT FÜR JEDEN TAG

Besuche eine Demonstration zu einem aktuellen gesellschaftlichen Thema. Zusammen in der Gemeinschaft wirst du die positive Energie spüren, die dieses Anliegen zum Ziel führen kann.

VERSTEHEN

fɛɐ̯ˈʃteːən | Nomen | Deutsch

1. *Verständnis*
2. *(Soziologie) sehr einfühlsames Verständnis des Verhaltens anderer; oder: sich in jemanden hineinversetzen*

Ein großes Maß an menschlichem Unglücklichseins kommt auf, wenn wir ›aneinander vorbeireden‹ oder einander missverstehen. Wenn es nur eine rational und wohl durchdachte Methode gäbe, das Verhalten anderer zu begreifen ... Zum Glück haben sich die pragmatischen Deutschen etwas ausgedacht! *Verstehen* – damit ist nicht nur das wörtliche Begreifen gemeint, sondern auch das ›Hineindenken‹: Wir versuchen, jemandes Verhalten aus dessen Sichtweise zu sehen. Mit dieser Idee wurde ein umfassendes sozialwissenschaftliches Denksystem angestoßen, das einen jahrzehntelangen Diskurs darüber entfachte, wie Menschen einander jemals wirklich ergründen können.

Indem wir intensive Gespräche mit unserem Gegenüber führen, gewährt es uns tiefe Einblicke in seine tatsächlichen Beweggründe, Wahrnehmungen und Ideale. Natürlich besteht die philosophische Möglichkeit, dass wir andere Personen nie wirklich *verstehen* können, jedoch ist zumindest der Versuch schon ein großer Schritt in Richtung Empathie. Menschen sind in der Regel am glücklichsten, wenn sie miteinander auskommen. Daher sollten wir uns bewusst die Zeit nehmen, einander auf eine zunehmend tiefere und bedeutungsvollere Art zu betrachten.

Auch auf einer größeren gesellschaftlichen Ebene ist dies eine wichtige Herangehensweise, wenn wir uns mit der Anschauung einer anderen Kultur, Gruppe oder Religion befassen, die sich von unserer sehr – vielleicht sogar auf unangenehme Weise – unterscheidet. Während wir fast alle ein wenig zu gern uns selbst reden hören, sollten wir ab und an auf stumm schalten, zuhören und versuchen, wirklich zu *verstehen*.

GLÜCKSMOMENT FÜR JEDEN TAG

Versuche deinem Partner oder Kollegen gerade in den angespannten Momenten, in denen ihr aneinander vorbeiredet, aufmerksam zuzuhören und dich in die Lage deines Gegenübers zu versetzen. Es wird das Gespräch in eine positive Richtung lenken.

Gemeinsam geht es besser – **durch Fürsorge und Verbundenheit**

Menschen betreiben viel Aufwand, um füreinander zu sorgen. Der Wert unserer (Ver-)Bindungen ist das, was Psychologen ›Sozialkapital‹ nennen – ein Netzwerk des gegenseitigen Gebens und Nehmens. Wie erschaffen wir diese wertvollen Netzwerke? In Irland bedeutet *Bothántaíocht* Nachbarn zum Klatsch und Tratsch besuchen, während auf Hawaii *Ho'oponopono* ein Brauch des Verzeihens ist, um Beziehungen zu erneuern und zu festigen. Romantische Bindungen werden mit poetischen Gesten beschrieben, zum Beispiel im brasilianischen Wort *Cafuné*: jemanden liebevoll am Kopf kraulen. Mitunter sind wir aber auch abhängig von jenen, die wir lieben, wie es die arabische Redewendung *ya'aburnee* ausdrückt – wörtlich übersetzt etwa ›mögest du mich beerdigen‹, dies beinhaltet im übertragenen Sinne den Wunsch, keinen Tag ohne den geliebten Partner leben zu müssen. *Sneha* (स्नेह) ist Sanskrit für ›Zuneigung‹, aber auch für ›Öl‹ und deutet an, wie unsere Fürsorge nicht nur als Metapher, sondern auch wortwörtlich wie bei einer Ayurveda-Massage als Balsam dienen kann. In Japan beschreibt *Amae* (甘え) ein kindliches Geschehenlassen der Pflege eines anderen, während das jiddische *Naches* (נחת) die herzliche und stolze Freude meint, die Eltern bei Erfolgserlebnissen ihrer Kinder empfinden, so klein sie auch sein mögen. Wo wären wir also ohne diese wertvollen Verbindungen? Nun, wir würden wahrscheinlich *Awumbuk* (aus Papua-Neuguinea) verspüren, ein Gefühl der Leere und Apathie, das uns überkommt, wenn sich Gäste verabschieden.

MELMASTIA (میلم رتید)

mal'mæs.tia | Nomen | Paschtu

Gastfreundschaft und tiefer Respekt vor allen Gästen, ungeachtet der Herkunft, Religion oder wirtschaftlichen Lage, ohne etwas im Gegenzug zu erwarten

Das Glück der Paschtunen in Afghanistan und Pakistan gründet auf einer Reihe von Tugenden, die im Laufe der Zeit einen kollektiven Ethikkodex hervorbrachten. Nicht verwunderlich für ein so gebirgiges Land, das sich jahrhundertelang jeder formellen Regierung oder Herrschaft entzogen hat. Dieser Kodex – das *Paschtunwali* – beinhaltet Praktiken der besten Lebensführung, die die Paschtunen heute noch befolgen. Dazu gehören Qualitäten wie Gerechtigkeit, Selbstachtung und Toleranz – aber auch Rache (eine der weniger glücklichen Spielarten des *Paschtunwali*). Eines der wertvollsten Bestandteile dieses Kodexes ist die *Melmastia*, die unterschiedslose, großherzige Gastfreundschaft gegenüber anderen, sogar völlig Fremden.

Die Tradition der Paschtunen, ihre Gäste herzlich zu empfangen – und ihnen sogar Schutz zu bieten, wenn sie etwa auf der Flucht vor einem anrückenden Feind sind – ist ein von großem persönlichen Stolz getragenes Anliegen und wird auch heute noch von vielen hochgehalten. In vielen Stammesdörfern soll es früher sogar spezielle Gästehäuser gegeben haben, in denen Dorfbesucher Verpflegung und Obdach finden konnten – wenngleich heute selbst in den entlegensten Stammesgebieten allmählich materialistische Werte Einzug halten und dieser Brauch langsam in Vergessenheit gerät.

Auch wir könnten *Melmastia* praktizieren, um unsere Leben zu bereichern. Da viele von uns auf der ganzen Welt in zunehmend säkularen Kulturen und Gemeinschaften leben, während wir frühere Leitprinzipien wie Nächstenliebe vermissen lassen, könnten wir Gefahr laufen, immer misstrauischer und isolierter zu werden. Wer in einem Wohnblock lebt, kennt vielleicht nicht mal seine eigenen Nachbarn. Für das soziale Wesen Mensch steht dies jedoch im Widerspruch zu Tausenden von Jahren Nomaden- und Stammeskultur. Wenn wir alle unser Zuhause und unsere Herzen – im wahren Geiste von *Melmastia* – ein bisschen mehr öffnen, wären wir einen Schritt näher am Glück.

❀ GLÜCKSMOMENT FÜR JEDEN TAG ❀

Lade deine Nachbarn – selbst wenn du ihnen bisher nur im Korridor begegnet bist – zu einem Kaffee zu dir nach Hause ein. Ein Schub an guter Laune ist dir und deinen Gästen sicher.

KANYININPA

kæn.jin'in.pə | Verb | Aborigine-Sprache (Pintupi)
(Im Arm) halten, behalten

Berührungen sind ein wichtiger Bestandteil von menschlichen Beziehungen. Von Umarmungen unter Freunden über sich küssende Liebende bis hin zu einer Mutter, die ihr Baby im Arm hält – alle diese Gesten verdeutlichen, wie wir unsere Gefühle für andere nicht nur durch Worte, sondern auch körperlich ausdrücken können.

Tatsächlich macht uns körperlicher Kontakt einfach glücklich, denn unser Gehirn produziert Glückshormone wenn wir streicheln, schmiegen und schmusen – und das trifft gleichermaßen auf Städter wie auch Wüstenbewohner zu, zum Beispiel die indigenen Pintupi in Westaustralien. In ihrer Sprache reicht der Begriff *kanyininpa* über das ›Im-Arm-Halten‹ hinaus und evoziert ein weit bedeutsameres und ehrfürchtigeres Konzept.

In *kanyininpa* steckt eine sensible Dynamik respektvoller Innigkeit zwischen denen, die ›halten‹, und denen, die ›gehalten‹ werden. Das kann im Kleinen auf eine Mutter und ihr Kind zutreffen oder auch im weiteren Sinne auf die Gemeindeältesten, die ihren Nachwuchs auf-

ziehen. Tatsächlich gleicht *kanyininpa* zwei Pole der menschlichen Erfahrung aus, die wir praktisch weltweit in allen Gemeinschaften finden können – individuelle Autonomie kontra Wir-Gefühl, und die dazwischenliegende Spannung.

Die wörtliche und die metaphorische Konnotation von *kanyininpa* verdeutlichen den Spagat, den es zwischen einem Individuum und der Gemeinschaft zu machen gilt. Die Älteren einer Gesellschaft bekräftigen diesen sanften Ausgleich, indem sie der jüngeren Generation Fürsorge und Bildung angedeihen lassen – und es ist diese Dynamik, die im Zentrum einer gesunden Pintupi-Gemeinschaft spürbar ist. Genau wie eine Mutter ihr Baby hält, füttert und aufzieht, so hält und hegt und pflegt eine Gesellschaft auch ihre teilhabenden Individuen. Wie offenkundig unsere kulturellen Unterschiede auch sein mögen, die Wertschätzung der Pintupi für das *kanyininpa* verdeutlicht, dass wir alle die gleichen grundlegenden Werte besitzen.

GLÜCKSMOMENT FÜR JEDEN TAG

Mit einer einfachen Umarmung baust du eine Brücke zwischen zwei Menschen – aus zwei ›Ich‹ wird ein ›Wir‹. So reicht dieser persönliche Akt über sich hinaus und lässt dich ein Teil einer Gemeinschaft sein.

PAASAM (பாசம்)

'pa:sʌm/ | Nomen | Tamilisch
Zuneigung

Wenn es ein Gefühl gibt, das Menschen wie kein anderes verbindet, dann ist es die Liebe. Wer das große Glück hatte, tiefe Liebe zu erfahren, versteht die Metapher der ›zarten Bande‹ zwischen zwei Liebenden mit Leichtigkeit. Selbst ohne Familienbande bauen Menschen starke Bindungen zueinander auf, die über große Entfernungen spürbar sind, Tragödien überleben und viele Jahre Bestand haben – vielleicht sogar ein Leben lang. Oft sind es diese tiefen Beziehungen, die uns vor allem unsere wahrhaftesten Erfahrungen von Glück bescheren. Im tamilischen Wort *Paasam* kommt genau diese Idee einer tiefen und innigen Verbindung zum Ausdruck. Das Wort stammt vom Sanskrit *Paasam* (पस) ab, was so viel wie ›binden‹ bedeutet. So sind wir auch an unsere Liebsten in gewisser Weise gebunden, was auch Pflicht und Last bedeuten kann. Der tamilische Begriff weckt dagegen liebevollere Assoziationen von Wärme und Verbundenheit.

Paasam ist jedoch nicht nur der Bindung zwischen Liebenden vorbehalten und geht tatsächlich mit erhabeneren Konnotationen einher. Im Shivaismus, der in Südindien zu den wichtigsten Glaubensrichtungen des Hinduismus zählt, sind alle Seelen unter der Führung von Pathi, dem höchsten Wesen, durch die Kraft des *Paasam* miteinander verbunden – eine Dreieinigkeit von Geist, Seele und Materie.

Ob nun persönliche Glaubensvorstellungen diese Prinzipien aufgreifen oder nicht, die Seelenverwandtschaft, um die sich alles menschliche Leben auf dieser Erde dreht, ist schwer bestreitbar. Von den kleinsten Gemeinschaften – das können auch nur zwei Liebende sein – zu den größten aller Städte, Nationen, Kontinente oder religiösen Gruppen, die diese geografischen Grenzen überschreiten, scheinen wir eine ebenso große Neigung zur Bindung zu haben wie zu willkürlichen Trennungen. Konzentrieren wir uns lieber auf Ersteres – dieses besondere *Paasam*, das uns Menschen verbindet, als auf das, was uns unterscheidet.

❋ GLÜCKSMOMENT FÜR JEDEN TAG ❋
Wenn du das nächste Mal für längere Zeit von deinem Partner oder deiner Familie getrennt bist und sie schmerzlich vermisst, denke an das unsichtbare Band, das dich mit deinen Liebsten verbindet – so sind sie nie weit weg von dir.

GIGIL

'gʰi:,gil: | Adjektiv | Tagalog
Ein überwältigendes Gefühl, oft im Zusammenhang mit dem Wunsch, ein süßes Baby zu kneifen

Manchmal platzt Freude unwillkürlich aus uns heraus, sodass andere genau sehen können, was wir fühlen. Wie jedes andere unserer Gefühle – Angst, Verlegenheit oder Traurigkeit – ist Freude eine Emotion, die ihr eigenes Repertoire an körperlichen Reaktionen hat. Doch löst Freude weniger ein Zittern, Erröten oder Tränen aus, sondern Grinsen und Glucksen und manchmal sogar das, was die tagalogische Sprache der Philippinen mit *gigil* beschreibt. Wer kennt es nicht: Ein entzückendes Hündchen sitzt geduldig vor dem Laden, und plötzlich überkommt uns der drängende Wunsch, es zu packen, fest zu drücken und nie wieder loszulassen – oft begleitet von der seltsamen Tonlage einer hohen, gurrenden Stimme. Geliebte Babys und Kinder lösen ebenfalls dieses *Gigil*-Gefühl aus. Viele von uns werden sich – oftmals zu unserem Entsetzen – daran erinnern, wie uns unsere Großeltern in einem Anflug von *gigil* in die Wangen gekniffen haben, als wir klein waren.

Wenn etwas packend, niedlich oder verlockend ist und dabei unsere innere Widerstandskraft auf die Probe stellt, dann ist es *gigil* durch und durch. Charmant spiegelt dieses Wort so den freundlichen, unbeschwerten Charakter wider, den man Philippinern typischerweise nachsagt. Jedoch sei hier angemerkt, dass das *Gigil*-Gefühl auch ins Negative kippen kann. Tatsächlich kann das Wort nämlich auch ›Frustration‹ bedeuten, wenn zum Beispiel etwas unsere Fähigkeit aushebelt, unsere Coolness zu bewahren – und uns damit so ärgert, dass wir mit den Zähnen knirschen.

Dennoch ist *gigil* eher als eine von zahlreichen Emotionen zu sehen, die die menschlichen Neigungen zu Fürsorge, Mitgefühl und der guten alten Gutmütigkeit verdeutlichen. Wir lieben niedliche Dinge, um die wir uns kümmern können – das geht manchmal so weit, dass wir absonderlich quieken und sie fast zu Tode drücken. Unsere Beziehungen und Gemeinschaften sind oft von diesem *Gigil*-Drang beherrscht, mit jemandem körperlich und emotional einen Kontakt herzustellen – sei es zu einem Menschen oder einem vierbeinigen Freund.

GLÜCKSMOMENT FÜR JEDEN TAG

Vielleicht lassen dich pummelige Babys oder kleine Welpen gigil *verspüren – was auch immer es ist, jetzt weißt du genau, wie sich dieses Gefühl nennt.*

UNIKKAAQATIGIINNIQ

u:ni:ka:kra:ti:dʒi:ni:k | Verb | Inuit (Inuktitut)

Geschichten erzählen; die Macht von Geschichten in gemeinschaftlichen Daseinsformen

Was glückliche Gesellschaften verbindet, besteht manchmal nur in unserer Vorstellung – ein gewisser Geist, der schwer zu beschreiben ist und den wir nicht recht in Worte fassen können. Doch durch Worte wird diese Bindung konkret, und zwar in Geschichten.

Für die Ureinwohner der arktischen Gebiete Kanadas, Alaskas und Grönlands, die Inuit, besitzt das Erzählen von Geschichten einen besonders hohen Stellenwert, wofür sie daher auch ein eigenes Wort haben: *unikkaaqatigiinniq*. Geschichten überliefern in Inuit-Gemeinschaften Wissen und vermitteln Jung und Alt etwas über die Verwicklungen der Welt, aber zeigen ihnen auch Möglichkeiten auf, wie man mit den Aufs und Abs des Lebens fertig wird.

Geschichten haben für uns einen praktischen Nutzen und beeinflussen unser Leben – das können wir klar im Alltag fast jeder menschlichen Kultur und Gemeinschaft erkennen. Erzählung und Mythos spielten für uns schon immer eine zentrale Rolle dabei, gemeinsame Moralvorstellungen, Bestrebungen und Anleitungen für ein gutes Leben zu entwickeln. Das Konzept des Glücks selbst ist ja eine Geschichte, denn es ist eine, die sich von Kultur zu Kultur unterscheidet.

Wenn wir wegen einer bestimmten Geschichte gemeinsam lachen, weinen oder angespornt werden, dann ist das die Macht von *unikkaaqatigiinniq*. Dieses Wort betont, wie zentral Erzählungen und mündlich überlieferte Geschichten für indigene Gesellschaften und ihr Wissen sind. So ist es den Mitgliedern dieser Gemeinschaften möglich, tief verwurzelte Gefühle und Emotionen auszudrücken, ohne die kulturellen Regeln der Diskretion und Demut zu verletzen. Einige Psychologen sehen die Fiktion sogar als Simulation des echten Lebens an, in der wir unser Verhalten als ›Was-wäre-wenn‹-Szenarien durchspielen können.

❃ GLÜCKSMOMENT FÜR JEDEN TAG ❃

Welche Rolle spielen Geschichten in deiner eigenen Kultur? Kannst du dich an einen Moment erinnern, in dem dich ein ungeheuerliches Märchen, eine lehrreiche Parabel oder auch eine lustige Anekdote eines Freundes nachhaltig beeinflusst hat?

Drittes Kapitel

Vom tiefen Glück der Seele

Ein Hauptkriterium der Menschen, was ein gutes Leben ausmacht, ist die Vorstellung, einen guten Charakter zu entwickeln. Bereits die Philosophen der griechischen Antike haben sich mit dieser Idee auseinandergesetzt. Aristoteles hat oft darüber nachgedacht, wie eng Glück und Charakter miteinander verbunden sind.

Noch immer verbringen wir überall auf der Welt viel Zeit damit, uns mit dieser Frage zu befassen. Jedes Jahr erscheinen mehr Bücher zum Thema Persönlichkeitsentwicklung und auch Blogs werden darüber geschrieben, Empfehlungen gepostet und Podcasts aufgenommen. Das ist eine gute Nachricht. Wir wollen keine x-beliebige Form von oberflächlichem Glück: Die meisten von uns wollen auch gute Menschen sein.

So überrascht es nicht, dass wir in allen möglichen Sprachen zahlreiche Wörter entwickelt haben, die ausdrücken, wie wir die beste Version von uns selbst werden – ob durch das Finden eines Lebensziels, durch Mut oder Mitgefühl für andere. Gehen wir also an Bord unseres linguistischen Düsenjets und drehen eine schnelle Runde um den Erdball, auf der Suche nach der Erkenntnis darüber, wie uns die Entwicklung eines guten Charakters glücklicher machen könnte.

SENY

/ˈsɜɲ/ | Nomen | Katalanisch
Gespür; Vernunft (auch Integrität)

Mitunter können uns die schnelle Befriedigung von Bedürfnissen und Oberflächlichkeiten glücklich machen. Die meisten von uns wären sich aber einig, dass eine tiefere Freude eher aus jenen Momenten erwächst, in denen wir mit viel Fleiß auf ein Ziel hingearbeitet und uns selbst stolz gemacht haben. So umfasst der vom katalanischen Landleben stammende Begriff *Seny*, der frei übersetzt ›Vernunft‹ bedeutet, so viel wie persönliche Integrität, Besonnenheit und sogar Selbstverwirklichung.

Für viele versinnbildlicht das Wort etwas typisch Katalanisches. *Seny* suggeriert wohlüberlegtes Handeln, Tugendhaftigkeit und Einfühlungsvermögen – Qualitäten, die bis heute von vielen Katalanen verfochten werden.

Traditionsgemäß sind die Katalanen ein rationales und pragmatisches Volk – was sich noch immer in ihrer Kultur widerspiegelt. Eine faszinierende Mischung aus Bedächtigkeit und pathetischer Begeisterung für Fairness und Gerechtigkeit. Wer einen Katalanen zum Freund hat, weiß, dass man immer auf seinen wohlüberlegten Rat zählen kann.

In vielen Volksmärchen wird *Seny* veranschaulicht, indem Weisheit und Selbstkontrolle gepriesen und Habgier und Ausschweifung verurteilt werden. So muss die einst hungrige Ratte, nachdem sie sich in den Vogelkäfig geschlichen und den Vogel gefressen hat, feststellen, dass sie nun zu dick ist, um durch die Gitterstäbe zu entkommen.

In einer modernen Kultur, in der wir uns Pizza liefern lassen und Filme *on demand* abrufen, erscheint die Vorstellung, unsere Gier im Zaum halten zu müssen, schrecklich veraltet. Doch die oberflächliche Erfüllung unserer Begierden scheint uns nicht dauerhaft glücklich zu machen. Genau wie die gefräßige Ratte stellen wir manchmal fest, dass wir ein Verlangen nur auf Kosten von etwas befriedigt haben, das wir noch viel mehr wollten – sei es ein gesunder Körper oder eine bedeutungsvolle Beziehung.

GLÜCKSMOMENT FÜR JEDEN TAG

Wenn du dich mal wieder dabei erwischst, geistesabwesend auf deinem Handy herumzutippen, ziehe doch einmal in Betracht, dich stattdessen ein wenig in Seny *zu üben. Koche eine komplett selbst zubereitete Mahlzeit oder schlage eines jener Bücher auf, die du schon lange lesen wolltest. Es könnte dich auf lange Sicht glücklicher machen.*

SISU

'si:su | Nomen | Finnisch
Willensstärke; Mut; Entschlossenheit

Einige Kulturen besitzen ein Wort, das sie so ernst nehmen, dass es fast etwas von einem nationalen Wahrzeichen hat. Für die Finnen ist *Sisu* ein solches Wort. Es gilt gemeinhin als bezeichnend für Finnen und ihre Art zu leben und beschwört auch in schwierigen Zeiten ein mit leidenschaftlicher Tapferkeit geführtes Leben herauf.

Wenige von uns würden bestreiten, dass nur durch ein hohes Maß an Resilienz echtes Wohlbefinden möglich ist. Das Leben ist voller Herausforderungen und oft ist Glücklichsein kein naiver Optimismus, der diese ignoriert, sondern eine positive Entschlossenheit, es sich ihnen zum Trotz gut gehen zu lassen. *Sisu* ist die Ansicht, selbst in schwierigen Zeiten danach zu streben, scheinbar unüberwindbare Notlagen mutig zu meistern und entschlossen ein langfristiges Ziel zu verfolgen.

Der Begriff ist vergleichbar mit dem leicht ekligen englischen Ausdruck, dass jemand *guts* (also ›Eingeweide‹) hat oder *gutsy* ist, also tapfer. Denn *Sisu* bedeutet im Finnischen wörtlich ›Innereien‹ und versinnbildlicht das Durchhaltevermögen, das nicht von einer externen Quelle, sondern aus dem Tiefsten unseres Selbst stammt, auf das wir in Krisen zurückgreifen können.

Unsere eigene Fähigkeit zur Selbstmotivation, wenn Dinge nicht wie geplant laufen, beschrieb Albert Camus als »unbesiegbaren Sommer, den wir sogar im tiefsten Winter in uns finden können«. Camus reflektiert in seinem Gedicht darüber, wie wir uns selbst in den schwierigsten Zeiten unseres Lebens mit dieser enormen inneren Stärke überraschen können.

Daher ist die Vorstellung von unerschütterlichem Mut oder *Sisu* vielleicht einer der wichtigsten Faktoren beim Streben nach einem glücklichen Leben. Es kann einfach sein, wenn die Dinge um uns herum gut laufen, aber erst wenn unser Durchhaltevermögen auf die Probe gestellt wird, entdecken wir die wahren Nuancen persönlichen Wohlbefindens.

GLÜCKSMOMENT FÜR JEDEN TAG

Wenn du das nächste Mal vor einer gewaltigen Aufgabe stehst, sei es eine große körperliche Anstrengung oder aber eine ›innere Gipfelbesteigung‹, besinne dich auf dein Sisu *und schöpfe Kraft aus dir selbst.*

IKIGAI (生き甲斐)

i:ki:gai: | Nomen | Japanisch

Eine Daseinsberechtigung; Lebensfreude und Sinn des Lebens

Ein Sprichwort besagt, dass der Sinn des Lebens darin besteht, dass unser Leben einen Sinn hat, und in keinem anderen Wort für Wohlbefinden kommt diese Idee besser zum Ausdruck als im japanischen *Ikigai*, was ›einen Grund, morgens aufzuwachen‹ bedeutet. Das Wort setzt sich aus *Iki* (生き) für ›Leben‹ oder ›lebendig‹ und *Kai* (甲斐) zusammen, wobei Letzteres ›die Erfüllung dessen, was wir uns erhoffen‹ meint.

Dieses Wort kann entweder etwas Bestimmtes bezeichnen, das unserem Leben eine Bedeutung gibt (unsere Familie könnte unser *Ikigai* sein, oder ein bestimmtes Ziel, nach dem wir streben), es kann aber auch einfach das Gefühl beschreiben, dass das Leben einen Sinn hat. Es weist also Ähnlichkeiten mit dem französischen Begriff *Raison d'Être* auf (was so viel wie ›die wichtigste Daseinsberechtigung‹ bedeutet) und unterstreicht eine Vorstellung, die man überall auf der Welt findet: Wir alle brauchen etwas, für das es sich lohnt, jeden Tag aufzustehen.

Manche finden *Ikigai* in ihrer beruflichen Laufbahn, doch Arbeit ist keinesfalls das einzige, worauf der Lebenssinn eines Einzelnen fußen kann. Unser *Ikigai* könnten ebenso unsere Kinder, Partner, Freunde, eine kreative Leidenschaft oder gemeinnütziges Engagement sein. Einige Japaner würden sagen, dass *Ikigai* weit über die alltägliche Sinnebene von Arbeit oder Familie hinausgehe und dass man nur von den größten Dichtern oder sogar Heiligen behaupten könne, dass sie wahrhaft *Ikigai* besitzen. Dennoch bietet *Ikigai* uns allen einen perfekten Anlass, um genau zu überprüfen, was den Kern unserer persönlichen Daseinsbegeisterung ausmacht.

❊ GLÜCKSMOMENT FÜR JEDEN TAG ❊

Was tust du leidenschaftlich gern? Wo liegen deine Talente? Wie beeinflusst du das Leben anderer Menschen? Mache dir keine Sorgen, wenn du noch keine Antworten hast: Ikigai *ist nicht etwas Statisches, sondern ein schrittweiser Entfaltungsprozess unseres angeborenen Potenzials.*

Gute Ratschläge

Fröhliche Sprichwörter über ein gutes Leben

Mithilfe von Redewendungen und Sprichwörtern ist es uns möglich, unsere Erkenntnisse über ein gutes Leben im Wandel der Zeiten weiterzugeben – und es ist faszinierend, wie unterschiedlich diese weltweit sind. Ein ukrainisches Sprichwort beschreibt zum Beispiel, wie man etwas aufschiebt: *robota ne vovk, v lis ne vtiče* (робота не вовк, в ліс не втіче), also: ›Arbeit ist kein Wolf, sie rennt nicht in den Wald‹. Auf Ungarisch könnte man dir, wenn du dich vom Leben benachteiligt fühlst, sagen: *úgy szép az élet, ha zajlik* (›Das Leben ist schön, wenn es stattfindet‹) – eine Erinnerung daran, dass es in schweren Zeiten helfen kann, bewusst dankbar dafür zu sein, überhaupt am Leben zu sein. Wenn es dir danach noch nicht besser geht, könnte man dich in Irland aufheitern, indem man dir rät: *is maith an scéalaí an aimsir*, oder ›Die Zeit erzählt die besten Geschichten‹, was dir sagen soll, dass sich Dinge auf lange Sicht möglicherweise auszahlen. Wenn du eine allgemeinere Aufmunterung brauchst, könnte man dich auf Englisch mit *shake a leg* (›Mach hin!‹) animieren, während ein Tscheche dich mit *pohnout kostrou*, dazu auffordert, ›dein Skelett zu bewegen‹. Mit der neu gewonnen Lebenskraft fühlst du dich auf Englisch womöglich *fresh as a daisy* (›taufrisch‹), auf Spanisch hingegen *fresco como una lechuga*, also ›frisch wie ein Kopfsalat‹.

MERAKI (μεράκι)

ma'ræ.ki: | Verb | Griechisch

Mit Leib und Seele oder mit ganzem Herzen bei einer Sache sein

Manche unserer Handlungen sind nutzenorientiert. Wir tun Dinge, um einen Auftrag zu erledigen oder ein Ergebnis zu erzielen. Jedoch entspringt vieles, was wir tun, nicht dieser rational denkenden Seite in uns – umgangssprachlich bezeichnen wir solche Taten als etwas, da ›von Herzen‹ kommt. Was uns zu dem griechischen Verb *meraki* führt, das in etwa bedeutet wie ›Handlungen, die von unserer Leidenschaft durchdrungen sind‹. Dazu kann alles Mögliche zählen: vom Tanzen bis zum liebevollen Dekorieren unseres Zuhauses – es kann aber auch gemeint sein, dass jemand einen guten Geschmack hat.

Mit diesem Begriff zeigt die griechische Sprache, wie wir einen kleinen Teil von uns selbst in ganz Alltägliches einbringen können – indem wir zum Beispiel jemandem einen Kaffee kochen. *Meraki* verdeutlicht, wie wir oft durch das motiviert werden, was wir Seele nennen. Wenn ein Freund zum Mittagessen vorbeikommt, wäre es wohl sinnvoll, etwas Schnelles und Einfaches zuzubereiten – vielleicht erinnern wir uns aber an etwas, das er wirklich gern isst, und so verwenden wir zwei Stunden auf die Zubereitung eines Essens und decken den Tisch mit unserem schönsten Geschirr und frischen Blumen. Dadurch ist das, was das bescheidenste aller Mittagessen hätte sein können, nunmehr mit unserer Liebe angereichert und spiegelt ein bisschen mehr von unserem inneren Wesen wider als es eine schnelle Sandwich-Runde gekonnt hätte. Und das macht *meraki* aus!

Es überrascht nicht, dass das Wort auch in der Musik, in der Malerei und in der Literatur Anwendung findet; all jene Bereiche, in die wir unser ganzes Können stecken und mit ganzem Herzen dabei sind. Die Griechen sind vorbildliche *Meraklides* – das zeigt sich praktisch überall: von ihren hübschen Häusern, über ihre lebendige Musik und fröhlichen Feiern, bis hin zu ihrem köstlichen, frischen Essen.

GLÜCKSMOMENT FÜR JEDEN TAG

Ein echter Meraklis *und eine wahre* Meraklou *tun alle Dinge, die sie verrichten, mit Hingabe. Suche in jeder Aufgabe nach dieser hingebungsvollen Freude, die du aus ihr schöpfen kannst.*

MENTSH (מענטש)

mɛntʃ | Nomen | Jiddisch

1. *Ein Mensch*
2. *Eine ehrenwerte Person*

Glück ist selten an eine einzige Sache gebunden. Meist sind wir nicht allein wegen unseres Umfelds, unserer Freunde oder unserer Erfolge glücklich – Glück ist ein Obstsalat aus all diesen Aspekten. Folglich geht es bei einem guten Menschen ebenso wenig um einen einzigen positiven Wesenszug, sondern um ein ganzes Spektrum an guten Eigenschaften. Was uns zu dem mehrdeutigen jiddischen Begriff *Mentsh* führt, der sich von dem deutschen *Mensch* herleitet und als Lehnwort auch Eingang in das amerikanische Englisch gefunden hat.

Ein *Mentsh* sein, bedeutet, eine bewundernswerte Person zu sein – jemand, dem andere vertrauen und der respektiert wird. Dazu kann gehören, dass man gerecht, würdevoll, mitfühlend und großzügig ist oder jemand, dem andere nacheifern. Dabei machen viele positive Wesenszüge gemeinsam die *Mentshlekhkeyt* (מענטשלעכקייט) aus.

Oft beschreiben wir die Vorstellung, eine Vielzahl positiver Wesenszüge zu besitzen, als ›runden Charakter‹. Ein ausgeglichenes Wesen zu haben, wird geschätzt, denn als Menschen streben wir in der Regel nicht nur danach, gute Kollegen und engagierte Mitarbeiter zu sein – wir wollen auch gute Freunde, gute Söhne oder Töchter und gute Nachbarn sein. Somit geht es beim *Mentsh*-Sein nicht einfach darum, Status oder Wohlstand zu erlangen. Ein wahrer *Mentsh* zu sein, bedeutet, ein derart freundliches und großzügiges Leben zu führen, dass Mitmenschen einem tiefsten Respekt entgegenbringen, nicht dafür, was man ist, sondern *wer* man ist.

GLÜCKSMOMENT FÜR JEDEN TAG

Lasse dich von diesem Wort dazu animieren, über deine eigenen Stärken und Qualitäten als Mentsh *nachzudenken, und erinnere dich daran, dass materieller Erfolg nur ein Maßstab von vielen ist, wenn es um ein wirklich gutes Leben geht.*

ĀTMAN (आत्मन्)

/ˈɑːtmən/ | Nomen | Sanskrit

1. *Das wahre Selbst oder die Seele*
2. *Atem*

Die meisten von uns glauben, in sich ein ›wahres Ich‹ zu haben. Tatsächlich ist es genau dieses wahre innere Selbst, um das es geht, wenn wir über individuelles Glück sprechen. Über die Vorstellung, dass in jedem von uns ein essenzielles Selbst existiert, diskutieren Philosophen der ganzen Welt schon seit Jahrhunderten. Ein roter Faden, der sich durch diese komplexe philosophische Debatte zieht, ist das Sanskritwort für Seele *Ātman*, das eine sehr spezielle Konzeption des Selbst präsentiert.

Im hinduistischen Glauben gibt es divergierende Denkansätze zum *Ātman*, jedoch wird es allgemein als das schlagende Herz in der Mitte unserer menschlichen Existenz betrachtet. Es verweist auf das ewige, grundlegende Selbst, das viel tiefer geht als das Ego und jenseits aller falschen Schatten, die wir von uns projizieren, existiert.

Diese Vorstellung vom Selbst als etwas Ewigem trägt eine spirituelle Überzeugung in sich, mit der wir alle vertraut sind: das Konzept der Reinkarnation, dass eine Seele mehrmals und zeitlich befristet in verschiedenen Körpern wohnen kann. Man könnte also sagen, dass nicht die irdischen Wesen gelegentlich ein spirituelles Erlebnis haben, sondern dass der Mensch eher als ein ewiger Geist, als *Ātman*, definiert werden kann, der eine irdisch-körperliche Erfahrung macht.

So vieles in unserem Leben – und in unserem Selbst – unterliegt einem verwirrenden Wandel, und unsere Gefühle sind so unbeständig wie das Wetter. Um aus dem *Ātman* Weisheit zu gewinnen, müssen wir nicht die tief spirituellen Überzeugungen rund um diesen Begriff teilen. Bereits die Doppelbedeutung des Worts – zum einen ›Seele‹, zum anderen ›Atem‹ – erinnert uns an zwei absolut wesentliche, jedoch in unserem angespannten modernen Leben unterschätzte Aspekte des Glücks: das Atmen und das Wiederfinden einer gewissen Beständigkeit in uns.

❃ GLÜCKSMOMENT FÜR JEDEN TAG ❃

Um der wechselhaften Kraft des Lebens entgegenzuwirken, können uns Übungen wie etwa Meditation oder Yoga helfen, unser eigenes Ātman *besser kennenzulernen und einen verlässlichen Rhythmus in der Mitte unserer Existenz zu finden.*

ARRANGIARSI

a.ran'dʒa:si: | reflexives Verb | Italienisch
Zurechtkommen; sich mit seinem eigenen Einfallsreichtum behelfen

Glück begegnet uns manchmal als Folge eines glücklichen Zufalls. Bei diesen Gelegenheiten fügen sich auf wunderbare Weise die Dinge wie von Geisterhand, und wir dürfen uns einfach zurücklehnen und die unerwarteten Geschenke genießen. In anderen Momenten ist unser Glück hart erkämpft. Dann kratzen wir alle uns noch zur Verfügung stehenden Ressourcen zusammen und machen das Beste aus der Situation.

Bei dieser Art von Einfallsreichtum können nur wenige Kulturen mit der italienischen mithalten. Italien beweist mit seiner auf der ganzen Welt geliebten Kunst, Musik, Literatur und Architektur – und natürlich seinem Essen –, wozu seine temperamentvollen und großzügigen Menschen imstande sind.

Der italienische Begriff, der diese Unternehmungslust und Beharrlichkeit in sich vereint, ist das reflexive Verb *arrangiarsi*. Wörtlich übersetzt mit ›sich arrangieren‹, beinhaltet es auch ein hartnäckiges Sich-Anpassen

an die persönlichen Umstände. Dies ist keinesfalls ein »Wegwerf-Begriff«, es handelt sich um eine echte italienische Lebenseinstellung. Sich behelfen ist eine eigene Kunstform, die als *Arte di arrangiarsi* (›die Kunst, sich zu behelfen‹) bekannt ist.

Wenn irgendetwas diese Kunst repräsentiert, dann ist es die Fähigkeit der Italiener, mit nur wenigen Zutaten ein köstliches Essen zu zaubern. Vor allem im früher von Armut geprägten Süden des Landes beschwört das Zubereiten von köstlichen Mahlzeiten aus frischen regionalen Zutaten den wahren Geist von *arrangiarsi* herauf. Damit vergleichbar ist das portugiesische *desenrascanço*, die Fähigkeit, sich aus einer schwierigen Lage zu ›entflechten‹, indem man eine raffinierte Lösung für sein Problem findet. *Arrangiarsi* erinnert uns an den immerwährenden menschlichen Drang, sich sogar unter widrigen Umständen anzupassen und erfolgreich zu sein.

GLÜCKSMOMENT FÜR JEDEN TAG

Ein wenig Arte di arrangiarsi *in sein Leben zu bringen, ist kein leichtes Unterfangen. Es verlangt Wandlungsfähigkeit und das Erkennen kreativer Lösungen – kein Talent also, das wir alle zu jeder Zeit besitzen. Fange klein an, zum Beispiel beim Kochen, und taste dich so an deine ›italienische Seite‹ heran.*

YǍNG SHĒNG (養生)

jæŋ ʃəŋ | Verb | Mandarin

Das Leben nähren; bei guter Gesundheit bleiben

Ein glückliches und gesundes Leben ist etwas, wonach die meisten von uns streben. Wir wünschen uns ein langes Leben voller Vitalität – und nicht von Krankheit geplagt zu werden. In der Tat hängen ein guter Charakter und das eigene Selbst vor allem von einem gesunden Körper und einem gesunden Geist ab. Wenn es uns nicht gut geht, kann es uns schwerfallen – oder sogar unmöglich erscheinen –, ein gutes Leben zu führen. Leider rückt die eigene Gesundheit bei vielen erst in den Fokus, wenn sie bereits dabei sind, sie zu verlieren. Nicht so in der traditionellen chinesischen Medizin und der taoistischen Philosophie, was in dem Konzept des *Yǎng shēng* (›das Leben nähren‹) wunderbar zum Ausdruck kommt.

Yǎng shēng beinhaltet tägliche Übungen, die gut für unser Wohlbefinden sind und zusammen kombiniert dem Alterungsprozess entgegenwir-

ken. Hinter *yǎng shēng* steht also die Philosophie, dass unsere Gesundheit tägliche Pflege erfordert, und nicht erst, wenn wir bereits krank sind.

Zu *yǎng shēng* gehören gute Ernährung sowie Übungen für Körper und Geist, die die Energien im Körper ausgleichen, wie etwa Tai-Chi, Qigong, Meditation und andere Atemtechniken. Das heutige westliche Denken erkennt allmählich an, dass solche Praktiken sehr förderlich sein können und uns helfen, sowohl mental als auch physisch gesund zu bleiben.

Es ist zwar nicht immer leicht, sich gesunde Gewohnheiten anzueignen, aber wenn wir diese in Bezug auf *yǎng shēng* betrachten – als ein nährendes Gesundheitstraining, das ein langes Leben fördert – kann uns das dazu motivieren, mehr auf uns zu achten.

GLÜCKSMOMENT FÜR JEDEN TAG

Wie nährst du täglich bewusst deine eigene Gesundheit und Lebenskraft? Schon kleine Dinge wie ein täglicher Spaziergang in der Ruhe eines Parks können der erste Schritt in deinem Yǎng-shēng-*Training sein.*

FLAITHIÚIL

flæ'hu:l | Adjektiv | Gälisch

1. *Fürstlich*
2. *Freigebig, verschwenderisch, großzügig*

Wie ein gutes Mitglied unserer Gemeinschaft zu sein hat, entscheiden wir im Kollektiv. Es überrascht also nicht, dass weltweit Wesenszüge geschätzt werden, die auf das Gemeinwohl ausgerichtet sind. Dazu zählen Attribute wie Güte, Mitgefühl und Großmut – fürsorgliche Eigenschaften also, die wir alle suchen und von glücklichen Gemeinschaften erwarten. Sogar in den meisten westlichen Kulturen, in denen normalerweise der persönliche Vorteil im Mittelpunkt steht, schätzen wir die Praxis der Nächstenliebe.

Auf Gälisch wird dieser Gedanke durch das wunderschöne Adjektiv *flaithiúil* (›flehul‹ gesprochen) ausgedrückt, das auch im irischen Englisch häufig verwendet wird. Es leitet sich her von *Flaith* (›Prinz‹ oder ›Fürst‹) und beschreibt jemanden, der einen großzügigen oder großherzigen Charakter hat.

Obwohl uns das Wort zunächst ins Mittelalter führt, als man von Landesfürsten ein großherziges Wirken erwartete, beschreibt *flaithiúil* die beständige und liebenswerte Eigenschaft der irischen Nation, eine vorbildliche Großzügigkeit und Bereitschaft, Menschen in Not zu helfen. Ob bei der Unterstützung von Fremden, einer ehrenamtlichen Tätigkeit oder bei Geldspenden – die Iren wurden bereits mehrfach zum hilfsbereitesten Volk Europas gekürt.

Der schöne Widerspruch von *flaithiúil* besteht darin, dass wir uns selbst am nächsten sind, wenn wir aufhören, nur an uns zu denken und uns in den Dienst anderer stellen. Die meisten von uns werden schon einmal das tiefe Glücksgefühl erlebt haben, wenn man sich *flaithiúil* verhält. Denn als zutiefst soziale Wesen ist das Gefühl der Verbundenheit, wenn wir großzügig sind und dafür etwas zurückbekommen, ein zentraler Grundsatz unseres Wohlergehens (und, historisch gesehen, unseres Überlebens). Ironischerweise können wir, wenn es uns schlecht geht, dieses Gefühl oft abschütteln, indem wir unsere Zeit und Energie jemand anderem widmen – sei es einem Freund in Not oder sogar einem völlig Unbekannten.

✽ GLÜCKSMOMENT FÜR JEDEN TAG ✽

Von einfachen Gesten, wie etwa einem Passanten beim Aufsammeln seiner verlorenen Münzen zu helfen, bis zu einer kleinen Geldspende könnten wir uns alle von Irland eine Scheibe abschneiden und alltägliche Möglichkeiten finden, öfter mal flaithiúil *zu sein.*

AHIṂSĀ (अहिंसा)

/əˈhɪmsɑː/ | Nomen | Sanskrit

Respekt und Gewaltlosigkeit gegenüber allen fühlenden Wesen

Es gibt weltweit viele religiöse und geistig-spirituelle Konzepte, die uns lehren, ein moralischeres, zielgerichteteres und damit auch fröhlicheres, Leben zu führen. Das vielleicht schönste dieser Prinzipien ist *Ahiṃsā*, das ganz einfach ›Nichtverletzen‹ oder ›Gewaltlosigkeit‹ bedeutet.

Ahiṃsā ist der führende ethische Grundsatz des indischen Jainismus, aber auch ein wichtiger Begriff im Hinduismus und Buddhismus – er verdeutlicht, dass es menschliche Wertvorstellungen gibt, die über religiöse Grenzen hinausgehen.

Ahiṃsā bedeutet keine reine Passivität, sondern beschreibt eine Art Macht, die wir ausüben, wenn wir alle Lebewesen freundlich behandeln. Wörtlich übersetzt bedeutet *Ahiṃsā* ›nicht töten wollen‹. Was dies in der Praxis bedeutet, veranschaulicht eine volkstümliche Parabel: Ein Sannyasin (hinduistischer Mönch, der auf ein gesellschaftliches Ansehen verzichtet) begegnet einem Skorpion, während er am Ufer sitzt und meditiert. Der Skorpion ist von einem Baum in den Fluss gefallen und strampelt, um sich über Wasser zu halten. Der Sannyasin setzt den Skorpion wieder auf den Baum, wird zuvor aber noch von ihm gestochen. Er ignoriert die Verletzung und kehrt zu seiner Meditation zurück. Einige Zeit später fällt der Skorpion wieder ins Wasser. Der Sannyasin hilft ihm wieder und wird abermals gestochen. Dies wiederholt sich mehrmals, bis ein vorbeikommender Dorfbewohner das Geschehen bemerkt und den Sannyasin fragt: »Warum hilfst du diesem Halunken, wenn er nicht aufhört, dich zu stechen?« Der Sannyasin antwortet, dass das Stechen in der Natur des Skorpions liege, er könne nicht anders. »Warum wendest du dich nicht einfach von ihm ab?«, fragt der Dorfbewohner. Der Sannyasin antwortet: »Weil ich ein Mensch bin, ich kann nicht anders; es liegt in meiner Natur, ihn zu retten.«

Die spirituelle Praxis des Dienens und Respektierens anderer Lebewesen – und die tatsächliche Freude daran – ist es, was mit *Ahiṃsā* gemeint ist. Es ist das, was wir alle anstreben; unseren Teil zu einem freundlicheren und gerechteren Planeten beizutragen.

✽ GLÜCKSMOMENT FÜR JEDEN TAG ✽

Mache dir bewusst, dass jedes noch so kleine Lebewesen auf dieser Erde unseren Respekt verdient hat, auch wenn es dir in manchen Situationen lästig erscheint.

Viertes Kapitel

Vom Glück eines freudvollen Charakters

Weltweit finden sich viele Arten, die wichtigsten Momente des Lebens zu feiern und sie zu beschreiben – Höhepunkte der Ausgelassenheit, Fröhlichkeit oder mystische Ehrfurcht. Ob wir nun in spiritueller oder materieller Weise über sie sprechen; diese Momente können uns verändern und sehr besonders sein. Wir haben in unserem Leben vielleicht nur einige wenige dieser ergreifenden Erlebnisse – aber gerade das macht sie so wunderbar.

Solche Anlässe können unser Leben in ganze neue und glücklichere Bahnen lenken. Tatsächlich kann man sich ein glückliches Leben ohne sie nur schwer vorstellen. Sie reichen vom Albernen und Unbeschwerten bis zum Ernsthaften und Tiefgründigen. Was jedoch all diese freudigen Ereignisse verbindet, ist das Gefühl der Selbsttranszendenz, das sie uns bieten: Wir verlieren uns in Lachen, Staunen, Mitgefühl für andere oder Spiritualität. Dieser ›Selbstverlust‹ in Momenten der Freude kann etwas unglaublich Positives und Befreiendes haben und uns ein Gefühl von höherem Zweck und Verbundenheit geben.

Erkunden wir nun einige der vielfältigen Arten, wie wir weltweit Freude und Spiritualität in Worte fassen – und wie unsere vielen Sprachen diese Höhepunkte menschlicher Erfahrung zum Ausdruck bringen.

SERENDIPITY

ˌsɛr(ə)nˈdɪpɪti | Nomen | Englisch
Eine glückliche Fügung

Fast jeder von uns hat wohl schon einmal einen glücklichen Zufall erlebt. In diesen seltenen, aber wundervollen Momenten geschehen Dinge, die wir sie selbst unmöglich hätten planen können – mit überaus positiven Ergebnissen. In der englischen Sprache fallen diese glücklichen Ereignisse unter die Überschrift *Serendipity* – ein angenehmer Zufall an der Grenze zum Mystischen.

Möglicherweise empfiehlt uns jemand ein Buch zu einem Thema, für das wir uns seit Kurzem interessieren. Oder wir verpassen den Zug, nur um uns in einem späteren mit einem tollen Menschen zu unterhalten. Vielleicht vermasseln wir ein Bewerbungsgespräch und bekommen am nächsten Tag unseren Traumjob angeboten. Momente, die man als *serendipitous* bezeichnen würde, geben uns das Gefühl von etwas Schicksalhaftem – selbst wenn das nicht für jeden die Vorstellung eines übergeordneten Plans bedeuten muss, sondern eher von der Überzeugung herrührt, dass nicht alles im Leben unter unserer direkten Kontrolle steht.

Der britische Kunsthistoriker Horace Walpole soll diesen Begriff aus dem persischen Märchen *Die drei Prinzen von Serendip* hergeleitet haben, in dem die Helden mehrfach unabsichtliche, aber positive Entdeckungen machen.

In der westlichen Welt, in der wir uns traditionellerweise als selbstbestimmende Individuen definieren, die ihr eigenes einzigartiges Schicksal formen, ist das *Serendipity*-Prinzip eine hilfreiche Erinnerung daran, dass wir zwar nicht immer alles unter Kontrolle haben, dass dies aber nichts Schlechtes sein muss. Tatsächlich haben Psychologen wie Dan Gilbert darauf hingewiesen, dass Menschen bekanntermaßen schlecht darin sind, vorherzusagen, was sie glücklich macht. Was liegt also näher als glückliche Fügungen in unserem Leben willkommen zu heißen – es könnte uns glücklicher machen als alles, was wir geplant haben.

GLÜCKSMOMENT FÜR JEDEN TAG

Denke zurück an Momente in deinem Leben, in denen es schien, als sei etwas genau für dich vorherbestimmt gewesen. Auch wenn du sie nicht direkt herbeiführen kannst, hast du nun wenigstens ein Wort dafür!

YŪGEN (幽玄)

'ju:gən | Nomen | Japanisch

1. *Anmut*
2. *Etwas sehr Tiefsinniges oder Unergründliches*

Einige freudvolle Erlebnisse können Gefühle in uns entfachen, die sich unmöglich in Worte fassen lassen. So beschreibt das japanische Wort *Yūgen*, wie wir uns fühlen, wenn wir der tiefen, geheimnisvollen Schönheit des Universums begegnen. *Yūgen* wird meist von Ästhetik ausgelöst, vor allem in der Natur.

Wir können *Yūgen* erfahren, wenn wir durch einen Park mit blühenden Kirschbäumen spazieren oder die Sonne hinter schneebedeckten Bergen untergehen sehen. Ein undefinierbares, ergreifendes Gefühl überwältigt uns – eines, das wir kaum in seiner ganzen Fülle fassen können. Ganz und gar vergänglich, aber so unendlich tiefgründig, dass seine Erfahrung uns von Grund auf verändern kann.

Aus der chinesischen Philosophie stammend, beschreibt *Yūgen* das taoistische Prinzip der Zweckfreiheit der Natur – jedoch im positivsten Sinne. Die meisten von uns haben hoffentlich schon das träge, ziellose

Gefühl erlebt, an einen Baum gelehnt zu sitzen und nichts zu tun, außer Grashalme zu zupfen oder das auf einem Fluss tanzende Licht der Sommersonne zu beobachten und währenddessen dem sanften Plätschern des Wassers und dem Summen der Bienen zu lauschen. In diesen Momenten erfahren wir für einen Augenblick reine Harmonie. Das sind die Momente, in denen wir uns als menschliche Wesen durch unsere Existenz – nicht durch unsere Handlungen – begreifen. Mal sind diese Erfahrungen ruhig und friedvoll, mal bewegen sie uns tief, wenn wir plötzlich unsere Unfähigkeit erkennen, die Großartigkeit des Universums vollständig zu erfassen.

Yūgen ist kein Gefühl, das wir planen können – doch mehr davon würde uns allen wahrlich guttun. Und manchmal reicht es schon, wenn wir für ein Gefühl ein Wort haben – selbst wenn es dieses nur halb erfasst –, um uns seiner Erfahrung näherzubringen.

GLÜCKSMOMENT FÜR JEDEN TAG

Plane ein paar Stunden ›zweckfreie Zeit in der Natur‹ in deinem Kalender ein und begebe dich – vielleicht an einem besonders schönen Ort bei Sonnenuntergang – auf die Suche nach deinem eigenen Yūgen-Moment.

DADIRRI

də'dɪ.ri | Verb | Aborigine-Sprache (Ngangikurungkurr)
Genaues Zuhören; demütige Reflexion über seinen Platz in der Natur

In der Daly-River-Region in Australiens Northern Territory sind die Ngangikurungkurr heimisch, und in diesem Aborigine-Stamm finden wir das *Dadirri*-Prinzip. Dieses Wort bedeutet frei übersetzt ›sich besinnen‹ – jedoch scheint es mehr zu umfassen als meditative Gedanken und kann wohl mit ›genaues, inneres Zuhören‹ oder ›ruhiges, stilles Bewusstsein‹ präziser übersetzt werden. Es heißt, es beschreibe eine Art spirituelles ›Sich-Einstellen‹ oder sich mit der Natur in Gleichklang bringen.

Dabei geht es weniger um produktives Nachdenken, als vielmehr um eine zutiefst demütige, rezeptive Form des Wahrnehmens der Welt um uns herum. Wenn wir mit dem Geist von *dadirri* zuhören, werden wir uns der Tiefe unserer Innenwelt und unseres Platzes in der weiten Landschaft in einer Weise bewusst, die absolut erfüllend sein kann. Darüber hinaus meint *dadirri* eine respektvolle, ruhige Geduld, wie sie der herrlich langsame Lauf unserer Flüsse und unseres Wetters entfaltet.

Für eine Stammeskultur wie die der Ngangikurungkurr, ist diese ehrfurchtsvolle, spirituelle Verbindung mit der Natur nichts Überraschendes. Schon ihr Name trägt die natürliche Welt in sich: *Ngangi* bedeutet ›Wort‹ oder ›Klang‹, während *kuri* ›Wasser‹ bedeutet und *kurr* ›tief‹ – also ›tiefe Wasserklänge‹. Wie für viele Ureinwohner und Stammeskulturen, ist auch für sie der Boden, auf den sie angewiesen sind, heilig. Ihr Vertrauen in ihre Umgebung ist so bestimmend und ihre Verbundenheit mit ihr so selbstverständlich, dass Begriffe wie *dadirri* absolut naheliegend sind.

Dadirri drückt die Notwendigkeit aus, uns für die Spiritualität auf eine höhere Macht einzulassen, sei es auf Mutter Natur, das Universum oder eine noch mystischere Kraft. Eine solche Demut geht in modernen, zubetonierten Städten leicht verloren – doch das muss sie nicht, wenn wir uns nur etwas in *dadirri* üben.

GLÜCKSMOMENT FÜR JEDEN TAG

Nimm dir noch heute einen Augenblick Zeit, dich im Geiste von dadirri *hinzusetzen und der Welt zu lauschen, die dich umgibt.*

KEFI (ΚΈΦΙ)

'keə.fi | Nomen | Griechisch

Ausgelassenheit; Heiterkeit; Mojo; Lebenslust

Alle unsere Gefühle finden einen bestimmten körperlichen Ausdruck, die Freude jedoch hält einige der schönsten Beispiele dafür bereit. Momente der Freude zeigen sich im Tanzen, Singen und Lachen – wir machen sogar Freudensprünge! Das ist etwas, das wir in nahezu jeder unserer Kulturen finden, doch nur eine hält dies in einem eigenen Wort fest: Das griechische *Kefi* (κέφι) ist nur schwer zu übersetzen, heißt aber so viel wie ›Ausgelassenheit‹ oder ›Heiterkeit‹.

Wer Griechenland bereist hat, wird dieses besondere Talent kennen, mit der die dortige Kultur ihre Lebenslust oder *Kefi* ausdrückt. An lauen Sommerabenden wird überschwänglich gefeiert – mit Musik, Tanz, Ouzo und Tellern, die durch die Luft fliegen und klirrend auf dem Boden zerschellen. *Kefi* meint also diese intensive, hemmungslose Lebensfreude – bei der wir alle völlig entspannt in unserem positiven inneren Wesen aufgehen und dies körperlich zum Ausdruck bringen.

Kefi ist auch ein zutiefst kollektives Erlebnis. Es findet eindeutig im traditionellem Sirtaki seinen Ausdruck, bei dem die Tänzer ihre Arme über die Schultern der Nachbarn legen und im Kreis tanzen. Diese Art von koordinierter, unbeschwerter und ausgelassener Bewegung ist von *Kefi* durchdrungen. Jedoch halten solche frohlockenden Momente, in denen wir unseren Kummer für einen Moment vergessen, nicht ewig an – auch wenn es vielleicht gerade ihre Seltenheit ist, die sie so besonders macht.

Für die Griechen ist es wichtig, diese Momente des Hochgefühls gerade auch in schwierigen Zeiten zu pflegen. *Kefi* ist ein geteiltes Euphorieerlebnis, und genau das ist es, was uns als Gemeinschaft verbindet und uns dabei hilft, besser mit unerfreulichen Umständen umzugehen.

✲ GLÜCKSMOMENT FÜR JEDEN TAG ✲

Gerade dann, wenn es dir schlecht geht, könntest du zusammen mit deinen Freunden bei einem ausgelassenen Abend nach dem Kefi-Gefühl suchen – durch die gemeinsam erlebte Freude wird es dir sofort besser gehen.

WHIMSY

ˈwɪmzi | Nomen | Englisch
Verspielt-wunderliches Benehmen oder skurriler Humor

Wie die meisten Kulturen haben auch die Briten einen einzigartigen Sinn für Humor. Dies kommt zum Beispiel in dem seltsamerweise unübersetzbaren Wort *Whimsy* zum Ausdruck. Dieser unverwechselbare Begriff kann von fantasievoll bis hin zu skurril und komisch fast alles bedeuten – tatsächlich ist es eine eigentümliche Mischung aus alledem. Alles was *whimsical* ist, macht Briten glücklich; wohl als Ausgleich zu einer ansonsten eher ernsthaften Kultur. Man denke an Mary Poppins, das zauberhafte Kindermädchen, das Lachen und *Whimsy* in den Haushalt einer ernsten edwardianischen Familie bringt.

Whimsical bedeutet ›unbeschwert‹, ›ungezwungen‹ und vielleicht auch ›sinnlos‹ – und so ist es ein Wort, das auf viele Situationen anwendbar ist. Die Einrichtung eines typisch britischen Teeladens zum Beispiel könnte *whimsical* sein, wenn diese aus sonderbar ungleichem Porzellan, heiter-verspielter Blumentapete und bunten Stickbildern besteht.

Menschen können auch durch ihre Eigenschaften oder sogar ihr Auftreten viel *Whimsy* zeigen. Vielleicht betrachten sie die Welt auf eine geistreiche oder witzige Art (wie etwa die Gestalten, auf die Alice im Wunderland trifft). Leute können auch *whimsically* gekleidet sein, wenn sie kräftige Farben und Muster exzentrisch kombinieren.

Einen Großteil unseres Lebens verbringen wir mit dem ernsthaften Wettlauf um weit entfernten Erfolg oder Status – kein Wunder also, dass wir oft erschöpft sind. Ein wenig *whimsical* zu sein und sich ab und an in Belanglosigkeiten zu verlieren, kann die optimale Flucht nach vorne sein, um diesem Trend entgegenzuwirken – und um ein bisschen unbeschwerte Freude in unser Leben zu bringen.

✻ GLÜCKSMOMENT FÜR JEDEN TAG ✻
Bringe etwas Whimsy *in dein Leben: Sei einmal am Tag extrem albern, denke etwas Versponnenes oder rede ein wenig Unsinn – allein aus dem Grund, dass es beglückend oder lustig ist!*

Genuss in privater Runde

Die Freude am Essen in aller Welt

Wenn es etwas gibt, womit wir Menschen am liebsten unsere Zeit verbringen, dann mit Essen. Wie wir jedoch über diese genussvolle Aktivität sprechen, ist von Sprache zu Sprache unterschiedlich. In Georgien bedeutet *schemomedjamo*, dass man weiterisst, obwohl man längst satt ist, nur weil es so gut schmeckt. Die Schläfrigkeit, die wir hinterher verspüren, wird in dem italienischen *Abbiocco* festgehalten. Nach dem Essen kommt Koffein ins Spiel, wie in dem griechischen *Parea*, das eine Gruppe von Freunden beschreibt, die sich regelmäßig zum Kaffeetrinken trifft, um einander von ihren Erlebnissen zu erzählen und sich über Werte und Weltanschauungen auszutauschen. Wer sich nach dem Kaffee noch Alkohol gönnt, dem könnte ein katalanischer *Porrón* gerade recht kommen – ein eigenartiger Schnabelkrug, der zum Weintrinken verwendet wird. Im Türkischen ist *Cakırkeyif* ein Wort für die Freude eines Trinkenden, der noch klar denken kann. Und wie steht's mit der Etikette? In der persischen Kultur ist *Taarof* ein komplexer Verhaltenskodex. Wenn man zum Beispiel gefragt wird, ob man noch zum Essen bleiben will, würde dieser vorschreiben, abzulehnen und sich mehrmals bitten zu lassen, um herauszufinden, ob die Einladung ernst gemeint ist. Weniger formelle Mahlzeiten haben ihre eigenen Begriffe: Im Isländischen ist *Álegg* ein Sammelbegriff für alles, womit man ein Brot belegen könnte (Schinken, Fleisch, Käse), vergleichbar mit *Toppings*, also Zutaten für den Pizzabelag.

BONVIVANT

bɔ̃ vivɑ̃ | Nomen | Französisch

Wörtlich eine ›gut lebende Person‹; jemand, der ein ausschweifendes, geselliges Leben führt

Unser Charakter ist oft so eng mit unserer Kultur verbunden, dass eine genaue Unterscheidung manchmal schwierig ist. Diese Vorstellung führt uns nach Frankreich –, dem Land des guten Weins, großer Romantik und des Pariser Chic – wo wir auf einen Begriff treffen, der die Liebe zu den herrlichsten Dingen im Leben verkörpert. Die Rede ist von *Bonvivant*, wörtlich übersetzt ›eine Person, die gut lebt‹. Wenn du dir einen *Bonvivant* vorstellst, erscheint vor deinem geistigen Auge womöglich jemand, der stilvoll gekleidet ist, Champagner schlürft und eine Abendgesellschaft für seine vielen Freunde ausrichtet.

Einige mögen das Leben eines *Bonvivant* als seicht bezeichnen. Sich an den schönen Seiten des Lebens zu erfreuen, ist aber kein Symptom der Oberflächlichkeit modernen Lebens, sondern eine Praktik, die sich bis in die griechische Antike zum Begriff des Hedonismus zurückverfolgen lässt. Diese philosophische Theorie – abgleitet vom griechischen *Hēdonē* (›Genuss‹) – behauptet, dass das Streben nach Genuss und die Vermeidung von Schmerz die hauptsächlichen Ausdrucksformen menschlichen Glücks seien und deswegen die Erfüllung dieser Bedürfnisse ein berechtigtes Lebensziel.

Interessanterweise hat man in der modernen Psychologie zwei Glücksdefinitionen: Das Streben nach Genuss wird als hedonistisch bezeichnet. Jene Erfahrungen hingegen, die vordergründig nicht genussvoll sind, aber eine tiefere Relevanz für uns haben, wie etwa eine Ausbildung oder die Gründung einer Familie, werden eudaimonisch genannt. Meist ist es die Kombination aus beidem, die ein glückliches Leben ausmacht. Von unseren französischen Vorbildern können wir also lernen, uns auch mal den kleinen Genussfreuden hinzugeben – vielleicht nicht als Lebensinhalt, aber als Bestandteil eines gut gelebten Lebens.

✿ GLÜCKSMOMENT FÜR JEDEN TAG ✿

Ob dein Leben einem Bonvivant *gleich voller mondäner Soirées und Champagnerprickeln ist oder du gern ab und an ein luxuriöses Schaumbad, ein Glas Wein oder ein köstliches Dessert genießt – wir alle können in unserem Alltag eine Prise hedonistischen Glücks gebrauchen.*

DUYÊN PHẬN

zwiən˧˧ fən˧ˀ˨ʔ | Nomen | Vietnamesisch
Schicksalhafte Liebe

Wir haben wohl alle schon die Erfahrung gemacht, einem ›Seelenverwandten‹ zu begegnen. Dieser wunderschöne Begriff kann sich entweder auf eine romantische Beziehung oder eine besondere Freundschaft beziehen und meint einen Menschen, der uns auf so fantastische Weise ähnlich ist, dass es sich wie ein Wunder anfühlt, ihm über den Weg gelaufen zu sein. Selbst wenn wir nicht an etwas Höheres glauben, behaupten wir womöglich, dass es ›vorherbestimmt‹ gewesen sei. Wir haben manchmal sogar das überwältigende Gefühl, dass wir die betreffende Person schon ewig kennen.

In Vietnam wird dieses Gefühl schicksalhafter Geistesverwandtschaft mit anderen Menschen sehr ernst genommen und mit dem Begriff *Duyên phận* beschrieben. Diese schicksalsträchtige Verbundenheit ist mit dem glücklichen Zufall verwandt, wie ihn auch das englische *Serendipity* (siehe Seite 92) umfasst, oder das bekannte buddhistische *Karma*, wobei *Duyên phận* ausdrücklich vom Schicksal begünstigte Beziehungen meint.

Da Vietnam stark von der chinesischen Kultur beeinflusst ist, verwundert es nicht, dass das Konzept von *Duyên phận* der Vorstellung des chinesischen *Yuanfen* (緣分) ähnelt, das ebenfalls die vorherbestimmte Natur unserer engsten Beziehungen beschreibt. Das zeigt auch die chinesische Redewendung: »Es sind vielleicht Hunderte von Reinkarnationen nötig, damit zwei Menschen mit demselben Boot fahren, doch es sind Äonen nötig, damit sie sich dasselbe Kissen teilen.«

Duyên phận betont, wie viele unserer freudigsten und spirituellsten Erlebnisse aus dem Zusammentreffen mit geliebten Menschen resultieren. Für die meisten von uns scheint der ganze Verlauf des Lebens davon abzuhängen, ob sich unsere Wege mit denen einer Handvoll besonderer Personen kreuzen – und das muss doch Schicksal sein.

❁ GLÜCKSMOMENT FÜR JEDEN TAG ❁
Wie viele deiner Beziehungen sind durch einen schicksalhaften Zufall entstanden? Führe dir vor Augen, welches Glück du dabei hattest, diese Personen im genau richtigen Augenblick zu treffen.

JOIE DE VIVRE

ʒwad vivʀ | Nomen | Französisch
Überbordende Lebensfreude

In Frankreich ist Freude mehr als nur eine Emotion, sie ist eine Weltanschauung … man könnte sie auch eine Lebensphilosophie nennen. Diese unbändige Daseinsfreude ist das, was die Kontinentaleuropäer unter *Joie de vivre* verstehen. Diese spezielle Wendung bezeichnet die Begeisterung über die eigene Existenz und hat längst die Herzen aller erobert, die diesen Ausdruck in ihre eigene Sprache übernommen haben.

Was diese Wendung so umwerfend französisch macht, ist die ihr innewohnende Erkenntnis, dass es beim Sinn des Lebens nicht um Zweckmäßigkeit, sondern um Leidenschaft geht.

Bei der *Joie de vivre* geht es weniger darum, einen pragmatischen Grund am Leben zu finden, sondern darum, Freude an dieser Reise zu haben. Stell dir vor, wie *Amélie* beschwingt Himbeeren von ihren Fingerspitzen nascht und du erhältst das perfekte Bild von *Joie de vivre*.

Die Franzosen haben ein Händchen dafür, *Joie de vivre* in ihren Alltag zu integrieren. Wir können sie etwa über kulinarischen Genuss ausdrücken – und die Franzosen tun das gewiss mit einer zügellosen Hingabe zu ihrer Küche, die international als eine der feinsten der Welt betrachtet wird. Bei den Franzosen wird sogar eine so zweckmäßige Mahlzeit wie das Frühstück zu einem Genussmoment – man denke nur an ein warmes Brioche oder an Pain au chocolat.

Das Wichtige an der *Joie de vivre* ist, sie als eine Lebenseinstellung zu betrachten – und nicht als etwas, dass uns entgegengebracht wird. Lebensfreude erfahren und genießen ist eine aktive Tätigkeit. Das Leben mit *Joie de vivre* ist vor allem eine Praktik, mit der wir jederzeit beginnen können. Wir haben immer die Wahl, auch die kleinen Dinge des Lebens zu zelebrieren, anstatt Freude als einen seltenen Höhepunkt im Leben zu behandeln.

GLÜCKSMOMENT FÜR JEDEN TAG

Bringe etwas Joie de vivre *in dein Leben: Vielleicht entsteht sie für dich ja durch ein künstlerisches Hobby, durch Reisen, durch eine leidenschaftliche Romanze oder eine andere Tätigkeit, in der du deine Erfüllung findest.*

MURĀQABA (مراقبة)

murəkəbe | Nomen | Arabisch (aus dem Sufismus)

1. *Behüten; sich um etwas kümmern*
2. *Geschärftes Bewusstsein über das eigene spirituelle Herz durch Meditation*

Alle Religionen der Welt haben ihre spezifischen spirituellen Praktiken entwickelt – nicht nur hinsichtlich ihrer Gottesdienste, sondern auch zur Steigerung des persönlichen Wohlbefindens. Darunter ist Meditation eine Praxis, die weltweit immer üblicher geworden ist, auch unter Atheisten. Die alte, mystische Religion des Sufismus bewahrt ihre eigene Form, eine Art achtsamer Selbstfürsorge durch Meditation, die *Murāqaba* genannt wird.

Eine wichtige Voraussetzung für *Murāqaba* ist *Muhāsabah* – ein Vorgang der Selbstbilanz. Es geht hierbei um eine regelmäßige Selbstkontrolle des eigenen Handelns, seiner Motivationen und Leistungen. Dabei könnten wir uns folgende Fragen stellen: Warum haben wir uns so und nicht anders verhalten? Woran sind wir gescheitert? Sind wir mit diesen Taten zufrieden und stehen sie in Einklang mit unserem höchsten Bestreben?

Mithilfe des *Muhāsabah* stellt die Sufi-Tradition sicher, dass sich unsere Beziehung zum Göttlichen positiv entwickelt. Durch die Ausübung werden wir uns mit gesteigerter Achtsamkeit (*Rāqaba*) des Einflusses des Göttlichen bewusst. Hierdurch können wir letztendlich einen *Mushāhada*-Zustand erreichen – das heißt die Präsenz des Göttlichen in unserem eigenen Herzen spüren.

Zwar sind das heilige spirituelle Praktiken, jedoch können diese geistigen Ideale ein interessantes Licht auf unser aller Leben werfen, selbst wenn wir nicht religiös sind. Tatsächlich untersuchen moderne Kognitionswissenschaftler, wie verschiedene Formen der spirituellen Meditation nicht nur unsere Gemütsruhe fördern können, sondern sogar unser Gehirn auf verschiedenste Weisen verändern und damit auch unser innerstes Selbst beeinflussen können. Diese Forschung steckt noch in den Kinderschuhen – allerdings zeigt sie eine faszinierende, konstruktive Schnittstelle zwischen Spiritualität und Wissenschaft auf, indem sie erläutert, wie die Weisheit alter Religionen uns weiterhin hilfreich sein kann, selbst wenn unser Glaube davon abweicht.

GLÜCKSMOMENT FÜR JEDEN TAG

Es ist wichtig, hin und wieder in sich zu gehen und eine Selbstbilanz zu ziehen. Stelle deine eigenen Taten infrage und ziehe daraus Schlüsse für dein zukünftiges Handeln.

UKI-OKTON

u:gi:ʊədgɒn | Kompositum | Haudenosaunee (Sprache der Irokesen)

Die Balance zwischen positiver und negativer spiritueller Energie in Mensch und Natur

Heutzutage haben wir ein großes Wissen von der Diversität der Welt. Wir sind fasziniert vom subtilen, unübersetzbaren Charakter gewisser Wörter, Redensarten oder Konzepte und behandeln alle Kulturen mit einer gewissen Demut. Historisch betrachtet gab es jedoch keine solche Demut, weswegen einige Begriffe stark verzerrt in unseren Wortschatz eingegangen sind.

Dies ist jedenfalls beim Begriff *Uki-okton* der Haudenosaunee (oder Irokesen) der Fall. Die einzigartige Vorstellung von *Uki* – was mehr oder weniger eine positive spirituelle Energie in Mensch und Natur meint – wird oft mit einem anderen Wort beschrieben: *Orenda*, wenngleich dieses nur eine Seite der komplexen, fein austarierten Anschauung dieser Ureinwohner wiedergibt.

Besser fängt es das Konzept *Uki-okton* ein, in dem die positive Energie von *Uki* durch die negativere von *Okton* ausgeglichen wird. Jedoch sind weder *Uki* noch *Okton* naturgemäß gut oder schlecht – sie ... *sind* einfach. Sie zeigen uns, dass in der Natur nichts einfach nur schwarz oder weiß ist – vergleichbar mit dem bekannten *Yīn-Yang* der chinesischen Philosophie. Dieses Konzept bedeutet wörtlich übersetzt ›hell-dunkel‹ oder ›positiv-negativ‹ und beruht darauf, dass scheinbar widerstreitende Kräfte meist miteinander zusammenhängen. In den Mythen der Haudenosaunee können die Zwillinge *Uki* (›Bäumchen‹) und *Okton* (›Feuerstein‹) dem Menschen helfen, ihm aber auch Chaos bringen. Dies veranschaulicht die Balance von Sicherheit und Unbeständigkeit in der Natur und folglich auch im menschlichen Leben.

Uki-okton wohnt allen Dingen inne, was eine Sage der Cherokee verdeutlicht: Der weise Großvater erklärt seinem Enkel, dass sich in jedem von uns ein Kräftespiel zwischen einem ›gutem Wolf‹ (Güte, Wohlwollen und Gerechtigkeit) und einem ›bösem Wolf‹ (Gier, Neid und Überlegenheit) vollzieht. Der Enkel fragt: »Aber welcher Wolf wird gewinnen?«, worauf der Großvater ihm antwortet: »Der, den du fütterst.«

GLÜCKSMOMENT FÜR JEDEN TAG

Dein eigenes moralisches Handeln kann ein wichtiger Faktor sein, das Positive in deinem Leben hervorzuheben. Stärke das Uki durch deine Taten – es wird einen nachhaltigen Effekt haben.

Fünftes Kapitel

Vom Glück der Ausgeglichenheit

Genauso wie in der Natur vollzieht sich im menschlichen Leben eine gewisse Bewegung wie bei Ebbe und Flut, einem zu- und abnehmenden Mond, einem Wachsen und Welken. Zwar kann unser Gefühlsleben freudige Höhepunkte haben, betrachten wir aber Glück als etwas Allumfassendes, dann erkennen wir, dass es viele Nuancen haben muss – wir können nicht immer nur ›an der Spitze‹ sein.

Im Englischen spricht man gern von *Downtime* – ein Wort für die Zeit, in der eine Maschine ausgeschaltet ist. Damit sind Auszeiten gemeint, in denen wir nicht aktiv sind, sondern einfach nur entspannen. Den meisten von uns ist klar, dass solche friedvollen Momente für unser Wohlergehen unverzichtbar sind. Wir wissen, dass unsere emotionale und physische Gesundheit eine Gratwanderung zwischen ereignisreicher Action und gelassener Ruhe verlangt. Die Balance zwischen diesen Zuständen zu schaffen, bezeichnen wir oft als Ausgeglichenheit. Wie wir das in unterschiedlichen Kulturen interpretieren, ist jedoch sehr unterschiedlich.

Vom pragmatischen Ansatz der Dänen, die den Begriff der Work-Life-Balance geprägt haben, bis zur tiefgreifenden chinesischen Philosophie, nach der die Natur ihren freien Lauf nehmen sollte, öffnen wir nun unseren Atlas auf der Suche nach Wörtern, die diese spezielle menschliche Fähigkeit erfassen, den stressigen Momenten des Lebens mit sinnvoller Balance, verjüngendem Geist und Gelassenheit entgegenzutreten.

LAGOM

ˈlàːgɔm | Adverb | Schwedisch
Genau das richtige Maß

Wir alle kennen das sehr konkrete Unglücklichsein durch einen Mangel genauso wie das Unbehagen durch Übermäßigkeit – und aus diesem Grund können wir alle die besondere Freude nachvollziehen, die in *Goldlöckchen und die drei Bären* aufkommt, wenn etwas *genau richtig* ist. Das ist das Stichwort für den schwedischen Begriff *lagom*, der diese spezielle Art ausgewogenen Glücks kurz und prägnant ausdrückt und so ein Land besonnener Menschen charakterisiert.

Als Gegenentwurf zu gierigem Konsumverhalten kann man *lagom* auf alles anwenden: angefangen damit, wie viel Kuchen man isst, über die richtige Zimmertemperatur bis hin zu ökologischer Nachhaltigkeit. Für alles gibt es eben ein optimales Maß, das wir besser nicht überschreiten sollten. Es ist daher ein Wort, das an Zurückhaltung und Klugheit erinnert und in der typisch schwedischen Wendung *lagomärbäst* vorkommt, die ›das richtige Maß ist am besten‹ bedeutet, aber auch im Sinne von ›Mäßigung ist eine Tugend‹ übersetzt werden kann.

Nur wenige von uns verbinden Wohlbefinden mit Angemessenheit. Wir neigen dazu, höchstes Glück mit ›Reichtum‹, ›Wohlstand‹ oder auch ›verschwenderischem Leben‹ gleichzusetzen. Jedoch erfüllt uns Überfluss nur, solange er neu für uns ist. Die meisten von uns werden selbst nach dem allergrößten Glücksfall wieder zum durchschnittlichen Glücklichsein zurückkehren. Dieser Gedanke – in der Psychologie als ›hedonistische Adaptation‹ oder ›hedonistische Tretmühle‹ bekannt – veranschaulicht, dass unser Wunsch nach ›mehr, mehr, mehr‹ ein Verlangen ist, das wir niemals befriedigen können. *Lagom* hingegen ist eine Lebensart, bei der wir ein gesundes Mittelmaß der Übermäßigkeit vorziehen und eine erfüllte Zufriedenheit einem fieberhaften Anhäufen.

GLÜCKSMOMENT FÜR JEDEN TAG

Ein wenig lagom *würde jedem von uns guttun, um dem unersättlichen Hunger unserer konsumorientierten Welt mit einer vernünftigen Genügsamkeit entgegenzuwirken – ob nun durch die Zubereitung von Mahlzeiten mit einfachen Zutaten, bei der weniger Abfälle entstehen, oder durch das Erlangen der heiligen Work-Life-Balance.*

AJURNAMAT

a:jз:næmæt | Wendung | Inuit (Inuktitut)
Ruhige Akzeptanz, wenn sich etwas nicht ändern lässt oder nicht unter der Kontrolle von jemandem steht

Oft sind wir unglücklich, wenn wir verzweifelt versuchen, etwas zu ändern, das zu ändern nicht in unserer Macht steht. In dem einflussreichen *Gelassenheitsgebet* bitten wir Gott um die Gelassenheit, die Dinge hinzunehmen, die wir nicht kontrollieren können, um den Mut, Dinge zu ändern, die wir ändern können, und um die Weisheit, das eine vom anderen zu unterscheiden. Dies stellt eine einfache, aber lohnende Lebensphilosophie dar – eine, die oft den Unterschied zwischen Glücklich- und Unglücklichsein bedeutet.

Ein Wort, das diese Philosophie wunderbar einfängt, ist *Ajurnamat*, das aus der Inuit-Sprache Inuktitut stammt. *Ajurnamat* wird als Reaktion auf bestimmte, extrem fordernde und schwierige Umstände geäußert, die einfach nicht zu ändern sind. Vom kleinsten Missgeschick bis zur größten Tragödie. Manche Dinge lassen sich einfach nicht ändern. Diese Gelassenheit angesichts größter Not ist keine Eigenschaft, die man sich leicht aneignet, und ist dennoch etwas, wonach sich die westliche Welt in zunehmendem Maße sehnt.

Es ist nicht überraschend, ein solches Wort bei einem Volk zu finden, das schon so lange unter härtesten Klimabedingungen auf der Erde überlebt hat. Tatsächlich meint *Ajurnamat* eine Eigenschaft, die wir in vielen Naturvölkern finden: die Vorstellung von Demut und Ehrfrucht gegenüber den Veränderungen der natürlichen Welt, im Gegensatz zu einer fiktiven Herrschaft über die Natur.

Kontrolle ist oft eine Illusion – wenn wir uns vormachen, Herr über alle Dinge zu sein, dann stellen wir uns nur selbst eine Falle. Das gilt für viele menschliche Erfahrungen – angefangen beim Überleben von Naturvölkern bis hin zu der Großstadt-Braut, die glaubt, sie könne den perfekten Hochzeitstag planen – und dann regnet es. Ist Regen am Hochzeitstag ein 1:0 für Mutter Natur? Oder ist es eine Gelegenheit, sich in *Ajurnamat* zu üben, in die Gummistiefel zu schlüpfen und freudig durchs Wasser zu planschen? Das liegt ganz bei dir!

GLÜCKSMOMENT FÜR JEDEN TAG

Gelassenheit ist eine der wichtigsten Zutaten des Glücklichseins. Wenn das nächste Mal dein Zug ausfällt oder du im Stau stehst, bewahre einen kühlen Kopf und sage zu dir selbst: Ajurnamat!

SÓLARFRÍ

soːlaːfriː | Nomen | Isländisch

Ein unverhoffter freier Tag, weil das Wetter schön ist

Stell dir vor: Du wachst an einem herrlich sonnigen Morgen auf, kaum eine Wolke ist am Himmel … und dann musst du feststellen, dass du zur Arbeit musst. Wer den ›Nine-to-five‹-Rhythmus gelebt hat, wird sicher dieses gelegentliche (oder häufige) Gefühl kennen, wenn wir uns an einem Montagmorgen nichts sehnlicher wünschen, als einen weiteren freien Tag. Besonders, wenn das Wetter dazu einlädt, den Tag an der frischen Luft zu verbringen und nicht im Büro. Wäre es nicht schön, wenn Arbeitgeber auf der ganzen Welt für dieses Problem Verständnis hätten und uns allen einen Tag frei geben würden, wenn schönes Wetter herrscht? Nun, Berichten zufolge soll das bei Isländern genau so funktionieren und sie haben sogar ein Wort dafür: *Sólarfrí*, was wörtlich übersetzt ›Sonnenfrei‹ bedeutet.

Diese Praxis ist in einem subarktischen Klima mit bekanntermaßen unvorhersehbarem Wetter und einer jährlichen Durchschnittstemperatur

in der Hauptstadt Reykjavik von nur 5 °C wirklich sinnvoll. Wenn warmer Sonnenschein ein wertvolles Gut ist, sollte man konsequenterweise das Beste daraus machen.

Sólarfrí drückt einen gewissen Einfallsreichtum aus, der charakteristisch ist für Isländer. Sie sind ein Volk, das seine Umwelt versteht und wertschätzt, das aber auch weiß, wie es diese zu seinem Vorteil nutzen kann. Es ist ein Land, das nur minimal durch fossile Brennstoffen versorgt wird. Die meisten Gebäude werden mittels Geothermie geheizt und mit Heißwasser versorgt, und der Strom wird größtenteils durch Wasserkraft erzeugt. Diese nachhaltige, im Einklang mit der Natur stehende Lebensweise ist nur einer der vielen Gründe, warum Isländer im weltweiten Ranking der glücklichsten und gesündesten Nationen ganz weit oben stehen.

✤ GLÜCKSMOMENT FÜR JEDEN TAG ✤

Sólarfrí *mag keine Praxis sein, von der wir unsere Chefs überzeugen können. Sie erinnert uns aber daran, unsere tägliche Balance zwischen harter Arbeit und Freizeit zu halten – und wenn es nur ein Mittagsessen im Grünen ist, um ein wenig Sonne zu tanken.*

Lust auf einen Spaziergang,
einen Saunabesuch oder eine Siesta?

Wie sich die Welt entspannt

Moderne Psychologen sagen, dass die positiven Emotionen, die wir in ruhigeren und zufriedenen Momenten empfinden, sowohl unsere Resilienz stärken, als auch anhaltende Nachwirkungen von Stress – wie etwa eine beschleunigte Herzfrequenz und einen erhöhten Blutdruck – beseitigen können. Das ist allerdings nichts Neues – alle großen religiösen Traditionen der Welt beschreiben seit jeher Übungen zur Entspannung und Zentrierung als Mittel für ein gutes Leben. Heutzutage gibt es rund um den Globus unzählige Möglichkeiten, um zu entspannen. In Griechenland kann das eine *Volta* (βόλτα) sein – der übliche Zeitvertreib in Kleinstädten und Dörfern, bei dem man durch gewundene Gassen oder die Küste in der Abenddämmerung entlangbummelt (ähnlich dem aus dem Französischen stammende Verb ›flanieren‹). In den nordischen Ländern schwitzt man gern gemeinsam in der *Sauna*, um den Körper von innen und außen zu beleben. In Finnland gibt es kaum ein Haus ohne Heimsauna. In Spanien entspannt man sich nach dem Mittagessen üblicherweise bei der berühmten *Siesta* – einem langen, in den Arbeitstag integrierten Nickerchen am Nachmittag, wenn es am heißesten ist. Auch heute noch bleiben in Spanien zu dieser Zeit viele Läden und Betriebe geschlossen. Ob dich nun die Lust auf einen Spaziergang, gesundes Schwitzen oder eine Siesta packt, Entspannung und Freizeit sind unverzichtbar für unser inneres Glück, wo auch immer wir leben.

WÚWÉI (無為)

wu:weɪ | Verb | Traditionelles Chinesisch (aus dem Taoismus)
Mühelosigkeit; der Natur ihren Lauf lassen

Über die philosophische Idee von *wúwéi* – das oft wörtlich als ›Nicht-Tun‹, ›Nicht-Handeln‹ oder ›Nicht-Streben‹ übersetzt wird – sagt man, dass man besser gar nicht erst versuchen solle, sie zu übersetzen. *Wúwéi* ist nämlich eine Form des Handelns, aber paradoxerweise eines Handelns mit absoluter Mühelosigkeit.

Wúwéi beschreibt sowohl ein Handeln im Augenblick als auch eine generelle Lebensweise. Man kann es als eine Art der Harmonie betrachten, mit der wir durch die Welt gehen, während wir als erfolgreiches Individuum agieren. Wenn du dir einen begabten Harfenspieler vorstellst (oder einen Musiker, der das alte chinesische Zupfinstrument *Konghou* spielt), der es schafft, das Ganze leicht – geradezu mühelos – wirken zu lassen, dann kommt das schon sehr nahe an *wúwéi* heran. Natürlich beherrscht niemand das Harfespielen mit Leichtigkeit, aber Tausende von Übungsstunden haben dieses anspruchsvolle Musizieren zum Kinderspiel gemacht. Die beste Übersetzung von *wúwéi* wäre deshalb ›mühelose Handlung‹.

Wúwéi gilt in der chinesischen Philosophie schon lange als ein geistiges Ideal, obwohl es eine unglaublich subtile Kunst ist. Wie (oder ob) wir je die *Wúwéi*-Lebensweise ganz verwirklichen können bleibt ein Mysterium – daher die Schwierigkeit und vielleicht auch Sinnlosigkeit eines Übersetzungsversuchs. Verschiedene Geistesrichtungen der chinesischen Philosophie beschreiben *wúwéi* als etwas durch mühsames Erlernen und harte Übung Erworbenes oder umgekehrt als etwas, das bereits in uns steckt. Wie auch immer *wúwéi* erreicht wird – und egal, ob es nun eine Lebensweise ist oder sich in unseren individuellen Handlungen widerspiegelt –, die meisten Denkschulen sind sich einig darin, dass dieser Begriff ein komplexes Zusammenspiel aus Können, Spontanität, Leichtigkeit und Freude ist. Klingt ziemlich gut, oder?

GLÜCKSMOMENT FÜR JEDEN TAG

Welche Handlung gelingt dir mühelos? Vielleicht beherrschst du ein Instrument oder aber du kannst den weltbesten Kuchen backen. Falls dir nichts einfällt, kannst du auch eine neue Fähigkeit kultivieren – mit dem richtigen Einsatz wird dir auch das ohne Mühe gelingen.

MAÑANA

/maˈɲana/ | Adverb oder Nomen | Spanisch

1. *Morgen*
2. *Eine unbestimmte Zeit in der Zukunft*

Man könnte das spanische Wort *Mañana* – wörtlich ›morgen‹ oder ›der Morgen‹ – als die Kunst bezeichnen, Dinge auf später zu verschieben. Obwohl Spanien ein kulturell sehr vielfältiges Land ist, hat dieses Wort in seiner positiv-aber-entspannten Philosophie etwas einzigartig Spanisches an sich. Im ganzen Land herrscht eine gewisse Unbeschwertheit, die mit *Mañana* gemeint ist. Ein Spanier wird sicher zu deiner Party kommen, wahrscheinlich auch für besonders gute Stimmung sorgen – pünktlich wird er dagegen nicht sein.

Während sich mancher über die *Mañana*-Haltung ärgert – zum Beispiel ein Nordeuropäer, der Ordnung und Effizienz schätzt –, kann sie auch unglaublich beruhigend sein, wenn man sie mit Überzeugung praktiziert. Du kennst bestimmt jemanden, der in dieser Kunst des ausweichenden Verhaltens Experte ist: den Typ Mensch, der sich weigert, sich Gedanken um Sachen zu machen, die auch später noch erledigt werden können. Frage dich selbst: Was, wenn ich mir heute mal keine Sorgen darüber machen würde? Gut möglich, dass du gleich ein wenig entspannter wirst.

Tatsächlich verdeutlicht das *Mañana*-Prinzip, dass eine etwas lockerere Handhabung des Terminkalenders dem Glück sehr zuträglich sein kann. Sehr wenige Dinge müssen wirklich sofort erledigt werden – und wenn wir uns vor lauter Sorgen selbst vergessen oder uns einbilden, uns selbst weiterzubringen, wenn wir nur fleißig weiterarbeiten, dann treiben wir uns letztendlich selbst in den Wahnsinn und verwechseln das mit Produktivität. Mit einer gelasseneren Herangehensweise hingegen gelingen uns stressige Aufgaben besser und die Welt wird auch nicht untergehen, wenn du ein Problem mal auf morgen vertagst.

❀ GLÜCKSMOMENT FÜR JEDEN TAG ❀

Nimm dir ein Beispiel an dieser spanischen Lebenseinstellung und verschiebe ein oder zwei Aufgaben auf Mañana. *Wenn dieser ferne Zeitpunkt letztendlich da ist, stellst du vielleicht fest, dass es gar nicht mehr so wichtig ist, wie du dachtest.*

KEYIF

kɜ:u:θ | Nomen | Türkisch

Angenehmer Zustand der Entspannung und des Wohlbefindens

Entspannung finden wir häufig während bestimmter Aktivitäten, aber was ist mit jenen Zeiten, in denen wir uns beim Nichtstun ausruhen? Die Türken haben dafür einen Namen: *Keyif*. Und die Einwohner der geschäftigen Stadt Istanbul bezeichnen dies als ihre Geheimwaffe, wenn es um ihr Wohlbefinden geht.

Keyif weist viele Nuancen auf, was eine Übersetzung erschwert: Es umfasst alles von Begeisterung bis hin zu Freude, Euphorie und stiller Entspannung. In Istanbul wird *Keyif* oft als die Kunst wohligen Ausruhens beschrieben – eine vertiefte Art der friedlichen Genügsamkeit. In dieser geschäftigen Stadt wird *Keyif* als absolutes Nichtstun definiert: nur still dasitzen, vollkommen im Augenblick präsent sein, während man vielleicht auf das glitzernde Wasser des Bosporus hinausblickt.

Wir hungern nach Dingen wie Yoga, Meditation, Wandern, Schaumbädern oder einem spannenden Schmöker, um damit unsere Leben zu entschleunigen und eine Pause einzulegen. Denn selbst wenn wir gerade

nicht aktiv sind und behaupten, uns bei einem Kaffee auf der Couch zu ›entspannen‹, können uns Gedanken über vergangene Zeiten durch den Kopf schwirren oder Zukunftsängste plagen. Das türkische *Keyif* meint die Vorstellung, einfach alles sein zu lassen, körperlich wie mental, und das Hier und Jetzt zu genießen, ohne über die Vergangenheit oder die Zukunft besorgt zu sein.

In diesem Sinne spiegelt sich hierin der Achtsamkeitsgedanke wider – selbst wenn *Keyif* mehr die Lust am Augenblick meint als das Erlangen eines reinen Bewusstseins. *Keyif* zeigt, wie wir sogar in einem pulsierenden Stadtleben Momente der Seelenruhe und der Stille pflegen können.

GLÜCKSMOMENT FÜR JEDEN TAG

Versuche es selbst! Nimm voller Genuss den Augenblick wahr, vielleicht bei deinem morgendlichen Kaffee. Lass dabei nicht nur deine Sorgen ziehen, sondern schwelge in seliger Heiterkeit, indem du einfach nur still und ruhig dasitzt. Womöglich willst du von da an jeden Kaffee in Keyif-*Zustand trinken!*

ARBEJDSGLÆDE

ɑːbaɪgskɪlɪ | Nomen | Dänisch
Freude an der eigenen Arbeit

Nur wenige von uns können sich vor Rentenbeginn den Luxus leisten, in ruhiger Entspannung zu schwelgen. Was tun wir stattdessen? Wir arbeiten. Bedeutet ein stressiger Arbeitsalltag, dass wir nur abends oder am Wochenende für wenige Stunden unser Leben wirklich genießen? Nicht, wenn wir uns den dänischen Begriff *Arbejdsglæde* zu eigen machen, der wörtlich ›Arbeitsfreude‹ bedeutet.

Die passendste Übersetzung von *Arbejdsglæde* ist wohl ›Jobzufriedenheit‹, aber dieser alltägliche Ausdruck verströmt kaum dieselben Glücksgefühle. *Arbejdsglæde* bezeichnet ein auffälliges Phänomen der Landeskultur: Die Dänen stehen im Ranking der glücklichsten Arbeitnehmer der Welt oft ganz weit oben. Die Gründe hierfür sind kein Zufall. In Dänemark gibt es reichlich Urlaubstage und die Arbeitszeiten sind angemessen – Dänen arbeiten im Durchschnitt 250 Stunden weniger pro Jahr als Nordamerikaner.

Jedoch ist weniger Arbeitszeit nicht der einzige Grund für diese berufliche Zufriedenheit. Ein weiterer Faktor ist vermutlich die höhere Verantwortung (oft ein Hauptfaktor für Arbeitszufriedenheit), die die Dänen aufgrund von flacheren Hierarchien empfinden. Wenn in Dänemark ein Chef seinem Angestellten eine Aufgabe gibt, ist dies eher ein Vorschlag als eine Pflicht. Auch dies ist ein großer Unterschied zur Dynamik am Arbeitsplatz in Nordamerika, wo das Wort ›Boss‹ beinahe schon synonym zu ›allmächtig‹ verstanden wird.

Varianten von *Arbejdsglæde* existieren in mehreren skandinavischen Sprachen – aber bevor du dich gleich auf den Weg nach Nordeuropa machst, bedenke, dass die Dänen Freude an der Arbeit *voraussetzen*. Für viele von uns ist ›hart‹ arbeiten eine Tugend – womit angedeutet wird, dass rentable Beschäftigung eigentlich Plackerei ist. Daher deutet die Freude am Job irgendwie auf einen Mangel an Arbeitsmoral hin. Vielleicht ist für das Verwirklichen von *Arbejdsglæde* gar keine geografische Veränderung nötig, sondern eine Überprüfung unserer eigenen vorgefassten Meinungen.

❋ GLÜCKSMOMENT FÜR JEDEN TAG ❋
Sicherlich sind nicht alle Aufgaben im Job angenehm – versuche einmal, die Dinge, die dir am meisten Spaß machen, besonders zu genießen und so zu mehr Arbejdsglæde *zu kommen.*

SEIJAKU (静寂)

ˌseɪˈdʒɐ.kə | Nomen | Japanisch

1. *Stille*
2. *Momente der Ruhe, auch mitten in der täglichen Arbeit*

Wenn es um Ausgeglichenheit geht, geraten wir leicht in die ›Was-wäre-wenn‹-Hypothese: Wir reden uns selbst ein, dass wir Zufriedenheit und Ruhe erst dann finden, ›wenn wir nur‹ etwas anderes verwirklichen, woanders hingehen oder auch jemand anders sein könnten. Diese Vorstellung ist eine Art Treibsand, in dem das entspannte Leben für immer versinkt. Die unbequeme Realität ist dagegen, dass wir uns oft widriger Umstände zum Trotz in Gelassenheit üben müssen – einfach, weil wir die einzigen sind, die darunter leiden, wenn wir es nicht tun. So beschreibt der japanische Begriff *Seijaku* (静寂) die Momente der ersehnten inneren Ruhe – nicht auf dem Gipfel eines verschneiten Berges in ferner Zukunft, sondern im täglichen Wettlauf des Lebens.

Seijaku ist eines der sieben Prinzipien der Zen-Philosophie, die das *Wabi-sabi* ausmachen. Diese wertschätzende Weltanschauung des Buddhismus akzeptiert die Vergänglichkeit und nimmt die Schönheit des Unvollkommenen in sich auf. *Seijaku* repräsentiert in diesem Grundkonzept die Ruhe und wird oft als das Gefühl beschrieben, das wir empfinden, wenn wir in einem Zen-Garten sitzen, selbst inmitten der geschäftigen Stadt Tokio. *Seijaku* beschreibt das Gefühl, Menschenmassen, Lärm und Verschmutzung wenigstens für zehn Minuten in friedvoller Weise zu entfliehen, um die Idylle von Koi-Teichen, dekorativen Steingärten und hochwachsendem Bambus in uns aufzunehmen.

Seijaku meint also, ein wenig Ruhe in den Alltag zu integrieren, und zwar nicht als etwas weit in der Zukunft Liegendes, das wir nur erreichen können, wenn wir uns ganz aus unserer Realität hinauskatapultieren, sondern als eine routinierte Tätigkeit im Hier und Jetzt.

GLÜCKSMOMENT FÜR JEDEN TAG

Wenn du das nächste Mal etwas Abstand brauchst – ob von der Arbeit oder der Belastung des Eltern-Daseins oder etwas anderem –, denke an Seijaku *und verschreibe dich ganz den kleinen geruhsamen Auszeiten mitten im Trubel des Alltags.*

SOBREMESA

so.βre'me.sa | Nomen | Spanisch

Die Zeit entspannter Unterhaltungen nach einer Mahlzeit

Fast überall in Spanien ist das Mittagessen eine aufwendige Angelegenheit. Wo man auch hingeht, wird man Schilder mit der Aufschrift *Menú del Día* entdecken – Tagesmenüs mit Vorspeise, Hauptgericht und Dessert, inklusive Brot, Wein und Kaffee. Diese mediterrane Variante eines Mittagessens (das gegen 14 oder 15 Uhr stattfindet) kann mehrere Stunden dauern, bevor es am Abend zurück zur Arbeit geht. Und besser, man isst sich ordentlich satt, denn ein Abendessen wird es nicht vor 22 Uhr geben.

Ein Umstand, der die spanischen Mahlzeiten so angenehm macht – neben der milden Hitze der Mittagssonne –, ist das Konzept von *Sobremesa*. Dieses Wort meint die Zeit unmittelbar nach dem Essen, in der man sich entspannt, plaudert und verdaut – und wenn du jemals Magenkrämpfe hattest, weil du nach einem eilig im Stehen verzehrten Sandwich wieder zur Arbeit gehetzt bist, dann klingt das schon ziemlich verlockend.

Sobremesa dauert normalerweise eine halbe bis ganze Stunde, aber am Abend und im Sommer kann es sich über mehrere Stunden ziehen.

Diese abschweifenden mediterranen Mahlzeiten könnten den effizienten halbstündigen Mittagspausen in anderen Teilen der Welt, in denen Snacks in Frischhaltefolie nahezu Standard sind, nicht wesensfremder sein. Sogar abends essen viele von uns eher auf dem Sofa und sehen fern – und machen sich noch nicht einmal die Mühe, den Tisch zu decken, geschweige denn, lockere Konversation nach dem Essen zu betreiben.

Mit unserer zunehmenden Wertschätzung für fokussierte und achtsame Aktivitäten als Gegenmittel für unser stressiges Leben gibt es doch nichts Besseres als unterhaltsamere Mahlzeiten im Geiste von *Sobremesa*, durch die wir unser Alltagsleben bereichern können.

GLÜCKSMOMENT FÜR JEDEN TAG

Versuche doch, dir nach deinem nächsten Mittag- oder Abendessen bewusst Zeit dafür zu nehmen, in einer Runde mit Freunden und Liebsten zu plaudern – denn, mal ehrlich, warum haben wir es immer so eilig, die Teller abzuwaschen oder die Rechnung zu bezahlen?

COCOG

tsoo.tsoog | Nomen und Adjektiv | Javanisch

1. *Übereinstimmen*
2. *Zusammenpassen*
3. *Geistesverwandt*

Im Javanischen – der vorherrschenden Sprache auf der indonesischen Insel Java – sind Ausgeglichenheit und Harmonie von großer Bedeutung. Sie sind so wichtig, dass der Einklang mit der Natur und den Mitmenschen seit jeher eine Art Lebensweise der Javaner ist. Diese Atmosphäre umfasst das Wort Cocog (Aussprache: tsotsog). Wenn etwas perfekt ›zusammenpasst‹, dann ist es *cocog*, und solange Dinge *cocog* sind, ist jeder glücklich – denn dieses Wort bezeichnet so unterschiedliche Dinge wie eine wohlschmeckende Mahlzeit, ein wirksames Medikament oder jede andere erfreuliche oder angenehme Sache.

Die meisten würden bestätigen, dass es besonders bei einer Heirat wichtig ist, *cocog* zu sein: Die Partner sollten gut zusammenpassen. Um dies sicherzustellen, besuchen die Familien zukünftiger javanischer Bräute traditionsgemäß die Gräber ihrer Ahnen, um deren Segen zu empfangen.

Für die javanische Kultur sind harmonische *Cocog*-Verhältnisse sehr wichtig, und auf Java werden im Alltag zwischenmenschliche Konflikte tunlichst vermieden. Diese friedliche Harmonie, die die kulturelle Identität der Javaner ausmacht, ist so zentral, dass kleine Kinder, die noch lernen müssen, sich – im Geiste von *Cocog* – höflich zu benehmen, manchmal als *durung jawa* (›noch nicht javanisch‹) bezeichnet werden.

Wenige von uns können behaupten, dass sie ein so starkes Bedürfnis nach Harmonie haben wie die Javaner. Doch was, wenn wir uns im Alltag ein wenig mehr von Übereinstimmung leiten lassen würden? Ein in diesem Geist der Kompatibilität geführtes Leben könnte wahrlich ein sehr glückliches sein!

GLÜCKSMOMENT FÜR JEDEN TAG

Cocog *lässt sich in vielen Lebensbereichen anstreben, zum Beispiel im Beruf. Aber auch bei der Auswahl von Wandfarben kannst du dir die Frage stellen, ob das Neongrün für unser Zuhause wirklich* cocog *ist.*

Glücklich bis ans Ende aller Tage

Dieses Buch war eine Schatzsuche. Auf unserer heiteren Reise rund um den Globus haben wir eine Geschichte darüber zusammengefügt, was es bedeutet, ein glücklicher Mensch zu sein – wo immer wir auch herkommen, wie auch immer wir erzogen wurden, an was wir glauben oder wie wir leben.

Diese Wörter und die Geschichten, die wir aus ihnen weben, haben eine bemerkenswerte Gabe, uns glücklicher zu machen. Unser Leben kann komplex und verwirrend sein. Oft scheint es uns nur über Wörter und Geschichten begreiflich, die wir anderen und uns selbst erzählen. Das Großartige daran ist, dass wir sogar in bewegten Zeiten immer die Fähigkeit haben, unser *eigenes* Happy End zu gestalten – durch die alchimistische Kunst des Geschichtenerzählens.

Wie jede Geschichte geht auch unsere zu Ende – wir sind an dem Punkt angekommen, der sich *Eukatastrophe* (Wendung zum Guten) nennt. Dieses seltene Wort zeigt die beflügelnde Katharsis auf, die Geschichten uns bieten können; denn *Eukatastrophe* bezeichnet die positive Auflösung von Ereignissen in einem Narrativ; häufiger sprechen wir von einem Happy End. Der Begriff wurde angeblich von dem berühmten Geschichtenerzähler J. R. R. Tolkien geprägt und leitet sich her aus dem griechischen *eu-* (gut) und *Katastrophē* (Wendung).

Wörter trösten uns und leiten uns wie kleine Kompasse auf der großen Reise eines guten Lebens. Erlaube also den Begriffen, auf diesen Seiten deine Vorstellungskraft zu erweitern, während du das nächste Kapitel der Geschichte deines Glücks schreibst. Mögen sie uns daran erinnern, welchen Teil wir in der Erzählung einer glücklicheren Welt leisten müssen – Wort für Wort!

Fortsetzung der Reise

Anhand dieser Quellenangaben, kannst du ein wenig mehr über die hier erläuterten Wörter und ihre psychologische Ebene erfahren.

ʻĀina

Alex M. Wood, Jeffrey Froh und Adam Geraghty: »Gratitude and well-being: A review and theoretical integration.« *Clinical psychology review*, Bd. 30, Nr. 7, 2010, S. 890–905.

Die freie Natur

Renate Cervinka, Kathrin Röderer und Elisabeth Hefler: »Are nature lovers happy? On various indicators of well-being and connectedness with nature.« *Journal of Health Psychology*, Bd. 17, Nr. 3, 2012, S. 379-388.

Prostor

Daphne Berdahl, Matti Bunzl und Martha Lampland (Hrsg.): *Altering States: Ethnographies of transition in Eastern Europe and the former Soviet Union*. University of Michigan Press, 2000, S. 190–191.

Waldeinsamkeit

Ralph Waldo Emerson: »Nature.« *American Transcendentalism Web*, https://archive.vcu.edu/english/engweb/transcendentalism/authors/emerson/nature.html

Friluftsliv

Hans Gelter: »Friluftsliv: The Scandinavian philosophy of outdoor life.« *Canadian Journal of Environmental Education (CJEE)*, Bd. 5, Nr. 1, 2000, S. 77–92.

Huānyíng

Joe Milazzo: »10 Chinese Words with No English Equivalent.« *TutorMing Mandarin Learning Tips Blog*, http://blog.tutorming.com/mandarin-chinese-learning- tips/chinese-phrases-that-cant-be-translated

Vom Glück der Gemeinschaft

Roy F. Baumeister und Mark R. Leary: »The need to belong: Desire for interpersonal attachments as a fundamental human motivation.« *Psychological bulletin*, Bd. 117, Nr. 3, 1995, S. 497–529.

Ubuntu

Barbara Nussbaum: »Ubuntu: Reflections of a South African on our common humanity.« *Reflections: The SoL Journal*, Bd. 4, Nr. 4, 2003, S. 21–26.

Gunnen

Sarah Pressman, Tara Kraft und Marie Cross: »It's good to do good and receive good: The impact of a ›pay it forward‹ style kindness intervention on giver and receiver well-being.« *The Journal of Positive Psychology*, Bd. 10, Nr. 4, 2015, S. 293–302.

Gemeinsam geht es besser

Marshall W. Kreuter und Nicole Lezin: »Social capital theory«. *Emerging Theories in Health Promotion Practice and Research: Strategies for improving public health*, Bd. 15, 2002, S. 228–254.

Kanyininpa

Brian McCoy: *Holding men: Kanyirninpa and the health of Aboriginal men*. Aboriginal Studies Press, 2008.

Paasam

R. Kanagasuntheram: »Science and symbolism in Saivaism.« *AumMuruga Journal*, Bd. 21, 2003.

Unikkaaqatigiinniq

Gwen Healy und Andrew Tagak Sr.: »Piliriqatigiinniq. ›Working in a collaborative way for the common good‹: A Perspective on the space where health research methodology and Inuit epistemology come together.« *International Journal of Critical Indigenous Studies*, Bd. 7, 2014, S. 1–14.

Raymond Mar und Keith Oatley: »The function of fiction is the abstraction and simulation of social experience.« *Perspectives on Psychological Science*, Bd. 3, Nr. 3, 2008, S. 173–192.

Sisu

Tim Lomas: »Towards a positive cross-cultural lexicography: Enriching our emotional landscape through 216 ›untranslatable‹ words pertaining to well-being.« *The Journal of Positive Psychology*, Bd. 11, Nr. 5, 2016, S. 19.

Ikigai

Gordon Mathews: *What makes life worth living? How Japanese and Americans make sense of their worlds*. University of California Press,1996, S. 12–13.

Meraki

Demeter Tsounis: »Kefi and Meraki in Rebetika Music of Adelaide: Cultural Constructions of Passion and Expression and Their Link with the Homeland.« *Yearbook for Traditional Music*, Bd. 27, 1995, S. 90–103.

Mentsh

Leo Rosten: *The New Joys of Yiddish*. Crown Publishing, 2003, S. 232-233.

Ātman

Gavin Flood: »Hindu Concepts.« *BBC.co.uk*, http://www.bbc.co.uk/religion/religions/hinduism/concepts/concepts_1.shtml

Yâng shēng

Lorraine Wilcox: »Nourishing Life (養生 Yâng Shēng): An Ancient Love of Lists.« *Journal of Chinese Medicine*, Bd. 113, 2017, S. 28–31.

Ahiṃsā

Britannica Encyclopedia of World Religions. Encyclopædia Britannica, 2006, S. 24.

Serendipity

Dan Gilbert: *Stumbling on Happiness*, Vintage, 2007.

Yūgen

Alan Watts: *The Tao Of Philosophy*, Tuttle Publishing, 1999.

Dadirri

Miriam-Rose Ungunmerr: »To be listened to in her teaching: Dadirri: Inner Deep Listening and Quiet Still Awareness.« *EarthSong Journal: Perspectives in Ecology, Spirituality and Education*, Bd. 3, Nr. 4, 2017, S. 14–15.

Kefi

Alex Pattakos: »Opa! The Cathartic Value of Greek Dance.« *Huffington Post*, https://www.huffingtonpost.com/alex-pattakos/ dance_b_882612.html

T. Maios: »Kefi: A Greek Word that Can't be Translated.« *Neo Komo*, http://neoskosmos.com/news/en/%CE%9AEFI-a- Greek-word-that-cant-be-translated

Bonvivant

Richard Ryan und Edward Deci: »On happiness and human potentials: A review of research on hedonic and eudaimonic well-being.« *Annual Review of Psychology*, Bd. 52, Nr. 1, 2001, S. 141–166.

Murāqaba

Diana Lobel: *A Sufi-Jewish Dialogue: Philosophy and Mysticism in Bahya Ibn Paquda's Duties of the Heart*, University of Pennsylvania Press, 2006, S. 224–226.

Cortland Dahl, Antoine Lutz und Richard Davidson: »Reconstructing and deconstructing the self: cognitive mechanisms in meditation practice.« *Trends in Cognitive sciences*, Bd. 19, Nr. 9, 2015, S. 515–523.

Uki-okton

Bruce Elliott Johansen und Barbara Alice Mann: *Encyclopedia of the Haudenosaunee (Iroquois)*, Greenwood Publishing Group, 2000, S. 83, 231–233.

Ajurnamat

Jean Leduc: »Bearing Witness.« *Maclean's*, Bd. 112, 1999.

Wúwéi

Nathaniel Barrett: »Wuwei and Flow: Comparative reflections on spirituality, transcendence, and skill in the Zhuangzi.« *Philosophy East and West*, Bd. 61, Nr. 4, 2011, S. 679–706.

Arbejdsglæde

Alexander Kjerulf: »5 Simple Office Policies That Make Danish Workers Way More Happy Than Americans«, *Fast Company*, 2014, https://www.fastcompany.com/3029110/5-simple-office-policies-that-make-danish-workers-way-more-happy-than-americans

Cocog

Clifford Geertz: *The Religion of Java*, University of Chicago Press, 1976, S. 31.

ÜBER DIE AUTORIN

Megan C. Hayes ist Autorin und Wissenschaftlerin und hat sich ein Jahrzehnt lang mit dem Studium und der Erforschung des Schreibens und der Psychologie des Glücks befasst. Im Rahmen ihrer interdisziplinären Promotion hat sie das Schreiben als Werkzeug zur Förderung und Unterstützung psychischen Wohlbefindens untersucht und hat hierfür in Großbritannien, Europa und den USA Studien durchgeführt (siehe auch Beiträge in *The International Journal of Wellbeing and Writing in Practice: The Journal of Creative Writing Research*). Mit dieser Forschungsarbeit hat Megan C. Hayes den Weg bereitet für Positive Journal® (www.positivejournal.org) – einem Konzept für autobiografisches Schreiben, bei dem Wohlbefinden in Worte gefasst wird. Sie ist eine glückliche Reisende, die überall auf der Welt zu Hause ist. Wo auch immer sie sich gerade aufhält, kann man sie meist beim Teetrinken oder Lesen von fünf Büchern gleichzeitig antreffen.

ÜBER DIE ILLUSTRATORIN

Yelena Brysenkova ist in St. Petersburg, Russland, geboren und in Cleveland aufgewachsen. Sie hat Illustration am Maryland Institute College of Art in Baltimore und an der Prager Kunst-, Architektur- und Designakademie studiert. Heute lebt und arbeitet sie in Los Angeles als Künstlerin und Illustratorin für Auftraggeber wie Anthropologie, Chronicle Books, die Zeitschrift *Flow* und *The New York Times*. Ihr feiner Zeichenduktus in Kombination mit Acryl-Gouache-Malerei ist sowohl von ihrer Liebe zur Häuslichkeit und der Behaglichkeit alltäglicher Objekte als auch von magischeren, mysteriöseren und melancholischen Themen inspiriert.

DANKSAGUNG

Mein Dank gehört Philippa Wilkinson, die eine fantastische Idee für ein Buch hatte und mich aufgefordert hat, es zu schreiben – und auch meiner Agentin Jane Graham Maw, die den Kontakt hergestellt hat. Des Weiteren danke ich allgemein dem Quarto-Team für seine wichtigen und vielfältigen kulturellen Einblicke und Yelena für ihre brillanten Illustrationen. Lauren Gurteen – meiner großzügigen Freundin und hervorragenden Linguistin – bin ich ganz besonders dankbar für die Entschlüsselung der Aussprachen einiger der unklareren Wörter in diesem Buch. Ramesh Sivarajah danke ich für seine Empfehlung des tamilischen Wortes *Pasaam* und für das Gegenlesen meines Versuchs, es in andere Worte zu fassen. Kathleen Tompsett danke ich für ihre Freundschaft und dass ich bei ihr zu Hause in Buenos Aires zu Gast sein durfte, und dafür, dass sie mich seit 2010 in die wunderbaren Feinheiten der Trini-Kultur einweiht, sodass ich unseren Lieblingszeitvertreib *Liming* hier mit aufnehmen konnte. Mein Dank geht auch an Gwen Healey vom Qaujigiartiit Health Research Centre für ihre informative Beratung zu den zwei Inuktitut-Wörtern in diesem Buch. Ich hoffe nur, dass ich diesen ein wenig gerecht geworden bin. Ich danke auch Barbara Alice Mann für ihre E-Mails bezüglich *Uki-okton*; ohne ihre Hilfe hätte ich keine Ahnung von der Aussprache! Ich bin wie immer dankbar für meine Familie, meine Cheerleader in jeder Hinsicht – insbesondere bedanke ich mich bei meinen Eltern Sean und Tamsin Hayes, dass sie mich den Großteil des Buchs in ihrem kleinen Haus am Meer haben schreiben lassen – einem Ort, der unendlich viel Inspiration und die dringend erforderliche Naturverbundenheit bietet. Zuletzt möchte ich auch all jenen danken, die das Buch mit mir besprochen, Vorschläge gemacht und mir bis zu Ende zugehört haben, während ich versucht habe, über diese wunderbaren Wörter ein Bild vom Glück zu zeichnen – es gibt zu viele Menschen, die ich noch erwähnen müsste, aber diese werden sicher wissen, von wem die Rede ist!